际人士 谈

国式现代化

任初轩 ◉ 编

人民日报出版社
北京

图书在版编目（CIP）数据

国际人士谈中国式现代化 / 任初轩编 . — 北京：
人民日报出版社，2023.5
ISBN 978-7-5115-7809-9

Ⅰ.①国… Ⅱ.①任… Ⅲ.①现代化建设－研究－中
国 Ⅳ.① D61

中国国家版本馆 CIP 数据核字（2023）第 085865 号

书　　名：国际人士谈中国式现代化
　　　　　GUOJIRENSHI TAN ZHONGGUOSHIXIANDAIHUA
作　　者：任初轩

出 版 人：刘华新
策 划 人：欧阳辉
责任编辑：曹　腾　高　亮
版式设计：九章文化

出版发行：人民日报出版社
社　　址：北京金台西路 2 号
邮政编码：100733
发行热线：(010) 65369509　65369527　65369846　65363528
邮购热线：(010) 65369530　65363527
编辑热线：(010) 65369523
网　　址：www.peopledailypress.com
经　　销：新华书店
印　　刷：大厂回族自治县彩虹印刷有限公司
法律顾问：北京科宇律师事务所　010-83622312

开　　本：710mm×1000mm　1/16
字　　数：139 千字
印　　张：13.5
版次印次：2023 年 11 月第 1 版　2023 年 11 月第 1 次印刷

书　　号：ISBN 978-7-5115-7809-9
定　　价：48.00 元

目　录

思想平台

新闻苑地

目　录

交流圆桌

中国式现代化为世界提供新的合作机遇

拉纳·米特

中国在推进中国式现代化的同时，也帮助改善了世界许多国家特别是发展中国家的经济发展状况。

如何看待中国式现代化的世界影响，是当前世界关注的重要课题。从历史维度看，中国追求现代化的道路充满了艰辛与不易。近代以来，中国曾经饱经战乱动荡，政治、经济、社会等各方面发展遭遇诸多困难。这段历史深刻影响了中国对现代化的思考和探索。

为了推进现代化建设，中国积极应用已有的实践经验。例如，加大对教育和科技的投入能够为经济社会发展提供重要支撑，这一点已经为多国发展实践所证明。中国同样高度重视提高科技教育水平。得益于对教育的长期高质量投资，中国目前已储备大量科技人才。在科技发展方面，中国全社会研究与试验发展经费投入占国内生产总值的比重已经超过

交流圆桌

2.5%，大量研究成果正转化为科技创新成果。未来，中国进一步加大对农村和欠发达地区的教育投入，更加注重促进教育公平，整体科教水平有望继续提高，将为其他国家尤其是发展中国家发展科教事业提供可资借鉴的重要经验。

中国式现代化不断推进的过程，也是中国在世界上影响力不断扩大的过程。无论是回望历史，还是观察当下，都不难发现中国对现代化的追求与中国融入经济全球化的努力相辅相成、相互促进。目前，无论在发展制造业、货物和服务贸易，还是在推动科技进步等领域，中国都与世界紧密相连。举例来说，大量中国学生赴海外求学，也有越来越多其他国家的学生到中国留学。

中国在推进中国式现代化的同时，也帮助改善了世界许多国家特别是发展中国家的经济发展状况。中国携手各方高质量共建"一带一路"，带来了更广阔的合作前景，为全球发展增添了活力。亚洲、非洲、拉丁美洲等地区国家可以根据自身情况，选择有利的发展合作方案。通过近10年的努力，共建"一带一路"带动了全球对基础设施建设的投资，促进了全球互联互通。

在绿色发展领域，中国形成了本国的独特经验，对全球生态文明建设具有重要意义。在气候变化挑战日益严峻的今

交流圆桌

天，中国努力实现可持续发展。作为世界第二大经济体，中国的这一主动选择向世界发出推动经济社会发展全面绿色转型的明确信号。中国持续在可再生能源领域加大投入，对增强全球应对气候变化能力至关重要。

这个世界普遍存在竞争，但竞争不应是零和的，各方有共同获益的空间，重要的是通过竞争创造更多发展机遇。从全球发展进程来看，中国合作方案的价值不仅体现在推进一个个具体的合作项目，更在于为广大寻求改善经济状况、推进自身现代化建设的发展中国家提供了新的选择。

（作者为英国牛津大学中国中心主任）

《人民日报》（2023 年 2 月 15 日第 3 版）

增强了发展中国家推进现代化建设的信心

胡利奥·比利亚拉斯

在推进自身现代化建设的过程中，中国坚定不移走和平发展道路，致力于推动构建人类命运共同体。

在中国共产党的领导下，经过几代人的不断努力，中国的现代化事业取得伟大成就，这增强了广大发展中国家推进自身现代化建设的信心。

中国在人类发展史上曾经长期处于领先地位。鸦片战争以后，中国遭遇列强入侵，陷入贫弱境地。为了改变国家命运，中国开启了对现代化道路的不懈探索。对中国来说，探索现代化道路、推进现代化建设的过程，也是实现民族复兴的过程。中国坚持走符合本国国情的发展道路，不断发展全过程人民民主就是生动体现。中国的民主根植于中华民族的历史土壤，融入了博大精深的文明智慧。任何国家发展民主都需要一个不断完善的过程。中国不断推进全过程人民民主，

交流圆桌

提升了国家治理效能，丰富了人类政治文明形态，为各国推进民主建设提供了重要借鉴。

中国深刻认识到不能走一些国家通过战争、殖民、掠夺等方式实现现代化的老路。在推进自身现代化建设的过程中，中国坚定不移走和平发展道路，致力于推动构建人类命运共同体。中国坚定维护联合国宪章宗旨和原则，恪守国际法，恪守互相尊重主权、互不干涉内政等重要原则，积极为国际社会提供平等互利的合作方案，推动构建新型国际关系。

长期以来，个别大国把拉美和加勒比地区视为自己的"后院"，肆意掠夺地区国家的资源和财富，将自己的意愿强加给地区国家。中国的做法与此截然不同。中国坚持在尊重彼此发展需求的基础上，同拉美国家深化经贸等各领域务实合作，支持地区国家自主选择发展道路和合作伙伴，从不寻求将自己的意愿强加于人，赢得了地区国家的普遍信赖。

当前，世界正在发生深刻变革，不稳定性不确定性明显增加。中国共产党倡导世界各国弘扬和平、发展、公平、正义、民主、自由的全人类共同价值，坚定捍卫多边主义，致力于促进和平发展、实现合作共赢，推动国际秩序朝着更加公正合理的方向发展。中国主张得到广大发展中国家广泛支持，有助于推动国际关系民主化、完善全球治理。

交流圆桌

我相信，在中国共产党的领导下，中国的未来发展值得期待，中国对世界和平发展的贡献将进一步上升。

（作者为巴拿马亚洲战略研究中心名誉主席）

《人民日报》（2023 年 5 月 4 日第 3 版）

丰富国际社会对现代化的认识

贾恩卡洛·埃利亚·瓦洛里

中国共产党坚持把马克思主义基本原理同中国具体实际相结合、同中华优秀传统文化相结合，注重扎实长效推进中国式现代化，这是其能够带领中国人民创造举世瞩目的发展奇迹的重要原因。

1972年以来，我多次访华，看到了中国发生的翻天覆地变化。中国取得巨大成功，与走出了一条适合自身的现代化道路密不可分。

中华民族历史悠久，中国在历史上曾长期处于世界领先地位。近代以后，中国发展陷于落后，中国人民的生活长期困苦。中国共产党自觉担负起探索中国现代化道路的历史重任，并在中华人民共和国成立后提出"四个现代化"的目标。改革开放后，中国又提出小康社会的战略构想。在长期探索和实践基础上，经过中共十八大以来在理论和实践上的创新突破，中国共产党成功推进和拓展了中国式现代化，丰富了

交流圆桌

国际社会对现代化的认识。

中国的人口总数超过西方发达国家的总人口，治理这样一个大国的难度和复杂性可想而知。中国共产党认为，只有紧密结合本国国情，才有可能找到正确的发展路径。我曾同中国共产党的党员代表有过深入交流，他们的真知灼见让我对中国式现代化有了更深入的理解。中国共产党坚持把马克思主义基本原理同中国具体实际相结合、同中华优秀传统文化相结合，注重扎实长效推进中国式现代化，这是其能够带领中国人民创造举世瞩目的发展奇迹的重要原因。

在推进中国式现代化的进程中，中国共产党始终坚持以人民为中心。这充分体现了中华优秀传统文化中以人为本的理念。中国共产党将当前中国社会的主要矛盾确定为人民日益增长的美好生活需要和不平衡不充分的发展之间的矛盾，并以此为出发点制定各项政策。近年来，中国如期全面建成小康社会，实现了第一个百年奋斗目标。中国科技创新能力正在不断提升，在人工智能、数字经济、新能源等领域的发展水平已处于世界前列。在推进全体人民共同富裕、促进人与自然和谐共生等方面，中国也在持续取得进步，中国人民对此有着非常深刻的感受。

中国提出全过程人民民主理念，形成了一套全面、广泛、

交流圆桌

有机衔接的人民当家作主制度体系，保证了中国人民对于国家政治、经济、社会等各领域事务的充分参与和监督。中国的施政方针是连贯的、不断完善的，可以有效避免许多西方国家因政府更迭导致政策急剧转向的弊端。中国政府决策高效、执行力强，能够及时发现、快速解决发展中出现的问题，这些都是中国能够不断取得发展进步的重要原因。

中国不仅努力推进自身现代化建设，而且致力于同各国加强交流合作，实现互利共赢。中国提前10年实现了联合国2030年可持续发展议程的减贫目标，其成功经验对于世界各国，尤其是广大发展中国家有重要借鉴意义。当前，中国正朝着中共二十大描绘的蓝图不断前进，我看好中国的未来，也确信中国的繁荣发展有利于世界的和平与发展。

（作者为意大利国际问题专家、法兰西科学院荣誉院士）

《人民日报》（2023年5月25日第3版）

交流圆桌

中国式现代化推动现代化理论实现新发展

基思·贝内特

中国式现代化蕴含着中国悠久的文明智慧，展现了科学社会主义在中国的成功运用和发展，推动人类现代化理论实现了新发展。

实现现代化是世界各国人民的共同梦想。中国式现代化既有各国现代化的共同特征，更有基于自己国情的中国特色。中国共产党对中国式现代化的中国特色做出了准确概括：中国式现代化是人口规模巨大的现代化、全体人民共同富裕的现代化、物质文明和精神文明相协调的现代化、人与自然和谐共生的现代化、走和平发展道路的现代化。与西方资本主义国家的现代化道路相比，中国式现代化追求实现全面、公平、可持续发展，走出了一条全新的现代化道路。

中国式现代化将实现全体人民共同富裕作为本质要求之一。这意味着中国努力让现代化建设成果更多更公平惠及全

交流圆桌

体中国人民。中共十八大以来，中国城乡居民收入相对差距持续缩小。中国打赢人类历史上规模最大的脱贫攻坚战，近1亿农村贫困人口实现脱贫。中国基本医疗保险覆盖13.6亿人，基本养老保险覆盖超10亿人，形成全球最大的社会保障网。中国消除绝对贫困，全面建成小康社会，为实现共同富裕奠定了坚实基础。

中国着力推进全体人民共同富裕，对于探索解决现代化进程中出现的贫富分化问题具有重要意义。很长一段时间内，西方国家试图垄断对现代化的定义。然而，西方国家在走向现代化的过程中出现了贫富差距悬殊等严重不平等问题。从全球维度看，这些西方国家的现代化很大程度上建立在对世界上许多其他国家的掠夺、剥削之上。马克思在《资本论》一书中对资本主义的原始积累过程进行了深刻批判："美洲金银产地的发现，土著居民的被剿灭、被奴役和被埋葬于矿井，对东印度开始进行的征服和掠夺，非洲变成商业性地猎获黑人的场所：这一切标志着资本主义生产时代的曙光。"时至今日，西方国家内部贫富分化问题依旧突出，富者愈富、穷者愈穷的趋势仍在加强，社会鸿沟不断扩大。

中国深知西方国家通过战争、殖民、掠夺等方式实现现代化给其他国家人民带来了深重苦难，坚持不走这种损人利

交流圆桌

己、充满血腥罪恶的老路。中国致力于通过维护世界和平与发展谋求自身发展，又以自身发展更好维护世界和平与发展。中国提出构建人类命运共同体重要理念、共建"一带一路"倡议、全球发展倡议、全球安全倡议、全球文明倡议等，展现推动各国共同发展繁荣的责任担当。随着不断推进中国式现代化，中国必将为人类进步作出更大贡献。

（作者为英国"社会主义中国之友"网站联合编辑）

《人民日报》（2023年5月29日第4版）

中国式现代化充分展现理论和实践价值

玛丽娜·拉古什

> 期待中国在推进中国式现代化的道路上不断取得新成就，不仅顺利实现自身发展目标，也为世界各国提供更多发展机遇。

实现现代化是世界各国人民的共同追求。世界上没有放之四海而皆准的现代化标准，每个国家都需要探索适合自身国情的现代化道路。中国不断推进和拓展中国式现代化，取得巨大发展成就，充分展现理论和实践价值。

实现高质量发展是中国式现代化的本质要求之一。近年来，中国制定的经济发展规划越来越重视提升发展质量。中国科技创新能力不断提升就是中国着力推进高质量发展的重要成果。如今，中国可以独立进行太空和深海探索，建成了全球最大规模的高速铁路网和5G网络，还在生物医学、量子科学等前沿领域不断取得突破。中国高质量发展不断结出

交流圆桌

硕果,不仅有利于中国,也有利于世界,为其他国家提供了具有借鉴意义的成功范例。

中国在推进现代化建设过程中始终坚持以人民为中心的发展思想。中国政府采取有效措施缩小贫富差距,不断完善社会保障体系,持续加强生态文明建设,取得了重要成果,让中国式现代化呈现出与西方现代化不一样的面貌。中国提出全过程人民民主理念,丰富民主形式,畅通民主渠道,从各层次各领域扩大人民有序政治参与。中国的全过程人民民主理念与实践,可以为世界上拥有不同社会制度的国家发展民主提供参考。

中国式现代化是走和平发展道路的现代化,中国始终追求以自身发展更好维护世界和平、促进共同发展。在塞尔维亚,中国带来了大量发展机遇。中国企业建设的铁路、桥梁等基础设施为塞尔维亚许多地区打下良好发展基础,中国投资的工厂成为所在地区产业发展的支柱。斯梅代雷沃钢厂被河钢集团收购后,中方投入大量资金在环保等方面对工厂进行改造,为当地居民提供了大量工作机会,成为塞尔维亚第二大出口企业。塞尔维亚同中国建立了全面战略伙伴关系,积极参与中东欧—中国合作机制和共建"一带一路"合作,从中国式现代化的成功实践中学到了许多经验。

交流圆桌

中国式现代化为丰富全球发展理论和实践作出重要贡献。期待中国在推进中国式现代化的道路上不断取得新成就，不仅顺利实现自身发展目标，也为世界各国提供更多发展机遇。

（作者为塞尔维亚议会塞中友好小组主席）

《人民日报》（2023年6月6日第3版）

中国式现代化是真正惠及人民的现代化

萨米·卡姆哈维

中国式现代化提供了许多可供借鉴的宝贵经验，让广大发展中国家，尤其是人口规模较大的发展中国家，看到了实现现代化的希望。

2015 年，我曾作为《金字塔报》常驻记者在中国工作。从那时起，我便十分关注中国的发展变化。结束任期回到埃及后，我几乎每年都会到访中国。多年来，我看到了中国日新月异的变化、人民生活水平的不断提高。令我惊讶的是，即使在较短时间内重访中国城市，也能发现许多新变化。中国共产党团结带领中国人民不断推进中国式现代化，一步步改变着国家面貌。

中国共产党坚持以人民为中心的发展思想，赢得了中国人民的广泛支持与信任。在中国共产党的领导下，中国打赢了人类历史上规模空前、力度最大、惠及人口最多的脱贫攻

交流圆桌

坚战，这是一项十分了不起的成就。我曾走访西藏、陕西等地的一些农村。当地政府根据具体情况制定脱贫方案，或是通过实施易地搬迁改善农民的居住环境，或是大力发展特色农业、旅游业、手工业等，或是以就业指导、低息贷款等举措帮助农民就业创业。这些努力的共同目标，就是帮助人民增加收入，使其过上更好的生活。目前，中国正大力实施乡村振兴战略，加快推进农业农村现代化。

中国式现代化是真正惠及人民的现代化。中国科技的发展，给人民生活带来极大便利。在中国，民众出门基本上不需要携带现金或信用卡，只需一部手机便可轻松完成日常生活中的下单、支付等。中国在治理荒漠化、改善空气质量、实现绿色发展方面也不断取得进步，人民的生活环境变得越来越好。中国政府致力于提升教育水平，改善医疗条件，加强社会保障。随着人民生活水平不断提高，市场空间变得更加广阔，人才资源变得更加丰富，中国将具备更强劲的发展动能。

中国人口众多、地域广阔、国情复杂，实现现代化必将是一个不断克服挑战的过程。目前，世界上实现工业化的国家不超过30个，人口总数不超过10亿。中国有14亿多人口，让如此巨大规模的人口整体迈入现代化社会，是人类发展史

交流圆桌

上前所未有的大事。埃及是中东人口大国，在寻求发展振兴的道路上，面临着许多与中国相似的挑战。中国式现代化提供了许多可供借鉴的宝贵经验，让广大发展中国家特别是人口规模较大的发展中国家看到了实现现代化的希望。

中国不断推进中国式现代化，将为世界各国提供更多新机遇。中国努力使中等收入群体在未来15年超过8亿，推动超大规模市场不断发展，由此释放的消费需求将有力推动世界经济发展。中国式现代化不仅让中国人民受益，也将为世界各国持续带来发展红利，惠及各国人民。

（作者为埃及《金字塔报》副主编）

《人民日报》（2023年7月2日第3版）

思想平台

为全球提供了一种全新的现代化模式

　　一个国家走向现代化，既要遵循现代化一般规律，更要符合本国实际，具有本国特色。中国式现代化是人类社会发展的一项创举，为全球提供了一种全新的现代化模式，为更多国家独立自主探索适合自己的现代化道路增添了信心。

　　从党的二十大概括提出并深入阐述中国式现代化理论，到习近平主席在一系列双多边场合深入阐释中国式现代化的丰富内涵和世界意义，再到日前习近平总书记在学习贯彻党的二十大精神研讨班开班式上强调正确理解和大力推进中国式现代化，"中国式现代化"成为国际社会读懂中国的关键词。国际人士认为，中国式现代化是人类社会发展的一项创举，为全球提供了一种全新的现代化模式，为更多国家独立自主探索适合自己的现代化道路增添了信心。

近代以来，现代化是世界发展的历史潮流，实现现代化是各国人民的共同向往。中国式现代化是中国共产党领导全国各族人民在长期探索和实践中历经千辛万苦、付出巨大代价取得的重大成果，是强国建设、民族复兴的康庄大道。在新中国成立特别是改革开放以来长期探索和实践基础上，经过党的十八大以来在理论和实践上的创新突破，中国共产党成功推进和拓展了中国式现代化。中国式现代化是中国共产党领导的社会主义现代化，党的领导决定中国式现代化的根本性质。中国共产党领导中国人民成功走出中国式现代化道路，展现了引领时代的大担当、不负人民的大情怀、兼济天下的大格局。

一个国家走向现代化，既要遵循现代化一般规律，更要符合本国实际，具有本国特色。中国式现代化既有各国现代化的共同特征，更有基于自己国情的鲜明特色。中国式现代化是人口规模巨大的现代化，是全体人民共同富裕的现代化，是物质文明和精神文明相协调的现代化，是人与自然和谐共生的现代化，是走和平发展道路的现代化。党的二十大报告概括了中国式现代化5个方面的中国特色，深刻揭示了中国式现代化的科学内涵。中国式现代化更加清晰、更加科学、更加可感可行，在全球展现出强大吸引力。法国总统马克龙表示，中国式现代化发展模式令人钦佩。越来越多国际舆论认为，中国式现代化是对世界现代化理论的最新发展，将创造新的现代化历史。

中国用几十年时间走完西方发达国家几百年走过的工业化历程，创造了经济快速发展和社会长期稳定的奇迹，为中华民族伟大复兴开辟了广阔前景，这是中国式现代化具有强大吸引力的重要原因。特别是党的十八大以来，中国共产党和中国人民团结奋斗，完成脱贫攻坚、全面建成小康社会的历史任务，实现第一个百年奋斗目标，赢得了彪炳中华民族发展史册的历史性胜利，对世界产生了深远影响。"在中国共产党领导下，中国实现数亿人脱贫，创造了人类减贫奇迹，这个成绩属于中国，也属于世界""一个社会稳定和经济强劲的中国将是全世界共同的福祉""世界上人口最多的国家对现代化道路的成功探索是对人类进步事业的巨大贡献"……越来越多国际舆论认为，中国式现代化取得的成就鼓舞人心，充分表明各国都可以有适合本国的现代化。

一个国家选择什么样的现代化道路，是由其历史传统、社会制度、发展条件、外部环境等诸多因素决定的。国情不同，现代化途径也会不同。中国式现代化，深深植根于中华优秀传统文化，体现科学社会主义的先进本质，借鉴吸收一切人类优秀文明成果，代表人类文明进步的发展方向，展现了不同于西方现代化模式的新图景，是一种全新的人类文明形态。中国式现代化，打破了"现代化＝西方化"的迷思，展现了现代化的另一幅图景，拓展了发展中国家走向现代化的路径选择，为人类对更好社会制度的探索提供了中国方案。英国学者马丁·雅克认为，中国式现代化不仅为中国未来发展开启众多全新可能，也为世界发展提供了新理念、新思维。美国库恩基金会主席罗伯特·库恩表示，中国式现代化蕴含着中国对实现现代化新路径的洞察力，向全人类特别是发展中国家提供了一种新的现代化模式。

"我们将以中国式现代化推动人类整体进步，以中国新发展为世界带来新机遇，为动荡的世界提供更多稳定性和确定性。"一个不断走向现代化的中国，必将为世界提供更多机遇，为国际合作注入更强动力，为全人类进步作出更大贡献。

《人民日报》（2023 年 2 月 27 日第 3 版）

将彻底改写现代化的世界版图

在全世界最大的发展中国家推进现代化建设，注定是一项创造历史的伟大事业。新征程上，中国式现代化的每一步跨越都将产生世界性影响，都将为全人类进步事业作出新的贡献。

人口规模巨大的现代化，是中国式现代化的显著特征。现在，全球进入现代化的国家也就20多个、总人口10亿左右。中国14亿多人口实现现代化，将使世界上迈入现代化的人口翻一番多，将彻底改写现代化的世界版图。这是人类发展史上前所未有的大事，必将产生深远影响。

中国式现代化是人类历史上规模最大的现代化。包括4亿多中等收入群体在内的14亿多人口所形成的超大规模市场，是中国实现现代化的优势。中国将坚持以人民为中心，继续提高人民生活水平，使中等收入群体在未来15年超过8亿，推动超大规模市场不断发展。全体中国人民创造活力不断释放、生活水平不断提高的历史进程，必将是中国为全球发展作出更大贡献的历史进程。正如国际人士所指出的，"中国式现代化将提供更多机遇，不仅意味着更大的市场，也意味着更多的人才、更好的技术"，"中国现在和将来都是充满希望和机遇的发展热土"。

中国式现代化也是难度最大的现代化。超大规模的人口，既能提供充足的人力资源和超大规模市场，也带来一系列难题和挑战。以中国的体量，再大的成就除以14亿多人都会变得很小，再小的问题乘以14亿多人都会变得很大。中国14亿多人口整体迈进现代化社会，规模超过现有发达国家人口的总和，艰巨性和复杂性前所未有，发展途径和推进方式也必然具有自己的特点。习近平总书记强调："我们始终从国情出发想问题、作决策、办事情，既不好高骛远，也不因循守旧，保持历史耐心，坚持稳中求进、循序渐进、持续推进。"正是因为始终坚持立足国情、走自己的路，中国共产党领导中国人民战胜一个又一个艰难险阻，成功推进和拓展中国式现代化，取得了举世瞩目的发展成就。

世界上既不存在定于一尊的现代化模式，也不存在放之四海而皆准的现代化标准。实现现代化，关键是找到符合国情、符合人类社会发展规律的发展道路。中国成功推进和拓展中国式现代化，充分证明各国完全可以走出符合本国国情的现代化道路。一些发展中国家在探索本国的现代化道路时，曾经全盘照搬西方模式，陷入经济停滞、社会政治动荡的困境。今天，"从国情出发"的中国经验正为越来越多国家所重视，为广大发展中国家独立自主探索适合自己的现代化道路、推进现代化建设提供重要借鉴。"中国式现代化道路的成功探索是对人类进步事业的巨大贡献。"肯尼亚国际问题学者卡文斯·阿德希尔指出，中国为包括非洲国家在内的发展中国家作出榜样，就是要坚持走符合自身国情的现代化发展之路。

现代化的本质是人的现代化。要实现人口规模巨大的现代化，必须坚持以人民为中心的发展思想。人民是历史的创造者，也是时代的创造者。中国经济社会的更好发展，归根结底要激发14亿多人民的力量。中国共产党领导的社会主义现代化始终坚持把人民利益放在首位，为了人民，依靠人民，不断实现好、维护好、发展好最广大人民的根本利益，不断满足人民日益增长的美好生活需要。在拥有14亿多人口的中国，每个人出一份力就能汇聚成排山倒海的磅礴力量，每个人做成一件事、干好一件工作，党和国家事业就能向前推进一步。"在中国共产党带领下，中国人民积极投身经济社会建设的大潮，这就是中国发展奇迹的秘诀""中国式现代化赋予人民主人翁地位，让所有人都感到有责任参与到国家的发展建设中去""中国式现代化为14亿多人口中的每个人创造条件，让他们在自己的领域有所成就"……越来越多国家重视中国坚持以人民为中心的发展思想，认为这是值得借鉴的重要经验。

中国式现代化既是最难的，也是最伟大的。在全世界最大的发展中国家推进现代化建设，注定是一项创造历史的伟大事业。新征程上，中国式现代化的每一步跨越都将产生世界性影响，都将为全人类进步事业作出新的贡献。

《人民日报》（2023 年 2 月 28 日第 3 版）

为人类共同发展开辟更加广阔的前景

中国式现代化是全体人民共同富裕的现代化，实现全体人民共同富裕是中国式现代化的本质要求之一。越来越多国际人士认为，在经济全球化遭遇逆流、西方现代化遭遇瓶颈之际，中国式现代化注重造福于民、致力于实现社会平等，走出了一条现代化的新路径。

治国之道，富民为始。中国式现代化是全体人民共同富裕的现代化，实现全体人民共同富裕是中国式现代化的本质要求之一，也是中国式现代化区别于西方现代化的显著标志。中国式现代化坚持发展为了人民，发展依靠人民，发展成果由人民共享，为解决现代化进程中遇到的贫富悬殊、两极分化等难题提供了中国方案。

让人民过上好日子、实现共同富裕，是中国共产党矢志不渝的奋斗目标。党的十八大以来，以习近平同志为核心的党中央把逐步实现全体人民共同富裕摆在更加重要的位置上，推动区域协调发展，采取有力措施保障和改善民生，打赢脱贫攻坚战，全面建成小康社会，为促进共同富裕创造了良好条件。作为世界上最大的发展中国家，中国提前 10 年实现《联合国 2030 年可持续发展议程》减贫目标，创造了减贫治理的中国样本，为全球减贫事业作出了重大贡献。"过去 10 年，中国持续快速发展。最令我感慨的是中国脱贫攻坚所走过的道路。"多次访问中国的法国参议院副议长、法国共产党全国委员会主席皮埃尔·洛朗表示，"全面消除绝对贫困、如期全面建成小康社会，中国共产党把承诺变为现实。"

中国是一个有 14 亿多人口的大国，实现共同富裕具有长期性、艰巨性、复杂性的特点。中国将坚持以人民为中心的发展思想，在高质量发展中促进共同富裕。目前，中国已经形成促进全体人民共同富裕的一整套思想理念、制度安排、政策举措，有信心让现代化建设成果更多更公平惠及全体人民。巴基斯坦可持续发展政策研究所中国研究中心主任沙基勒·拉迈认为："促进共同富裕，给更多人创造致富机会，让每一份努力都有收获，将进一步激发中国社会的生产力和创造力。"

共同富裕是人类文明发展中的难题。在追求现代化的过程中，一些国家贫富分化严重，中产阶层塌陷，导致社会撕裂、政治极化、民粹主义泛滥；一些国家经济转型失败，发展陷入停滞，落入所谓"中等收入陷阱"。中国式现代化坚持把实现人民对美好生活的向往作为现代化建设的出发点和落脚点，着力维护和促进社会公平正义，着力促进全体人民共同富裕，坚决防止两极分化。"我们的共同富裕，是要更好满足人民美好生活需要，逐步实现整体富裕、普遍富裕，坚持市场和政府相结合、效率和公平相统一，在做大蛋糕的同时分好蛋糕，打造橄榄型分配结构。"习近平主席如是阐释破解收入分配不平等问题的中国方案。越来越多国际人士认为，在经济全球化遭遇逆流、西方现代化遭遇瓶颈之际，中国式现代化注重造福于民、致力于实现社会平等，走出了一条现代化的新路径。

"中国实现共同富裕，是朝着构建人类命运共同体这一更大目标迈进的重要一步。"南非大学姆贝基非洲领导力研究所高级研究员谭哲理表示。中国始终认为，各国一起发展才是真发展，大家共同富裕才是真富裕。中国在追求自身发展的同时，不断以务实行动推动世界共同发展繁荣。中国已与151个国家、32

个国际组织签署共建"一带一路"合作文件，高质量共建"一带一路"为沿线国家民众带来实实在在的好处；着眼于解决发展不平衡问题，中国提出全球发展倡议，100 多个国家和国际组织响应支持，共同推进倡议落地生根。中国在不断走向现代化的同时，将加大对全球发展合作的资源投入，同各方一道构建全球发展共同体，为人类共同发展开辟更加广阔的前景。

实现共同富裕是一个长期的历史过程，必须久久为功。新征程上，中国不断朝着全体人民共同富裕的目标前进，必将为世界提供更多发展机遇，让发展成果更多更公平惠及各国人民。

《人民日报》(2023 年 3 月 1 日第 3 版)

助力世界文明朝着平衡、积极、向善的方向发展

中国式现代化为解决西方现代化进程中物质主义膨胀、精神贫乏等痼疾，提供了全新思路。中国式现代化在与世界其他文明的交流中推进和拓展，并以平等交流互鉴的方式丰富人类文明，将促进人类文明的整体进步。

一个民族的复兴需要强大的物质力量，也需要强大的精神力量。"当高楼大厦在中国大地上遍地林立时，中华民族精神的大厦也应该巍然耸立。"中国式现代化是物质文明和精神文明相

协调的现代化，既要物质富足也要精神富有，是中国式现代化的崇高追求。中国式现代化为解决西方现代化进程中物质主义膨胀、精神贫乏等痼疾，提供了全新思路。

仓廪实而知礼节，衣食足而知荣辱。中国传统文化中蕴含着物质富足与精神富有的辩证统一关系。只有不断发展，才能实现人民对生活安康、社会安宁的梦想。精神财富的丰富，思想文化的自信自强，能够为创造物质财富提供价值引领、注入精神动力。实现中国式现代化，必须不断厚植现代化的物质基础，不断满足人民日益增长的精神文化需求，促进物的全面丰富和人的全面发展。正如习近平主席所指出的："我们将不断提高人民物质生活和精神生活水平，做到家家仓廪实衣食足，又让人人知礼节明荣辱。"

中国式现代化深深植根于中华优秀传统文化，为中华文明所滋养，有着深厚的文明底蕴。中华优秀传统文化中蕴含的天下为公、民为邦本、为政以德、革故鼎新、任人唯贤、天人合一、自强不息、厚德载物、讲信修睦、亲仁善邻等，是中国人民在长期生产生活中积累的宇宙观、天下观、社会观、道德观的重要体现，同科学社会主义价值观主张具有高度契合性。中国式现代化蕴含的独特世界观、价值观、历史观、文明观、民主观、生态观等及其伟大实践，实现了对世界现代化理论和实践的重大创新，为国际社会应对世界之变、时代之变、历史之变提供了有益借鉴。中国推动构建人类命运共同体，提出"一带一路"倡议、全球发展倡议、全球安全倡议等，为解决人类面临的共同问题提供了中国智慧、中国方案、中国力量。

中国式现代化体现科学社会主义的先进本质，展现了不同于西方现代化模式的新图景。西方国家在现代化进程中无法遏制资本贪婪的本性，无法解决物质主义膨胀、精神贫乏等痼疾。中国式现代化致力于物质文明和精神文明相互协调、相互促进，让全体人民始终拥有团结奋斗的思想基础、开拓进取的主动精神、健康向上的价值追求，为全面建设社会主义现代化国家提供了源源不断的动力。巴基斯坦驻华大使莫因·哈克说："相信中国一定能够实现国家发展目标，建设一个物质文明和精神文明相协调的强大国家。"俄罗斯联邦共产党中央委员会主席根纳季·久加诺夫表示，中国的快速发展已成为人类文明发展进程中一项重大成就，中国式现代化的成功经验将为更多国家和人民开辟通往美好未来的道路。

中国式现代化借鉴吸收一切人类优秀文明成果，倡导不同文明交融互鉴、多元共生，有利于形成共建美好世界的最大公约数。中国主张平等、互鉴、对话、包容的文明观，世界各国弘扬和平、发展、公平、正义、民主、自由的全人类共同价值，以文明交流超越文明隔阂，以文明互鉴超越文明冲突，以文明共存超越文明优越，为世界文明朝着平衡、积极、向善的方向发展提供助力。从首倡亚洲文明对话大会，搭建亚洲乃至世界文明交流互鉴的重要平台，到践行和平合作、开放包容、互学互鉴、互利共赢的丝路精神，努力把"一带一路"建设成文明之路，再到成功举办冬奥盛会，将一段段美美与共的文明交流互鉴佳话载入奥运史册……中国始终是文明交流互鉴的倡导者、实践者。乌兹别克斯坦学者乌卢格别克·哈桑诺夫认为，中国式现代化将为推动中外文明交流互鉴创造更多机遇和条件，为世界带来更多稳定性和确定性。

中国式现代化促进精神文明和物质文明相协调，代表人类文明进步的发展方向。中国式现代化在与世界其他文明的交流中推进和拓展，并以平等交流互鉴的方式丰富人类文明，将促进人类文明的整体进步。

《人民日报》（2023 年 3 月 2 日第 2 版）

对中国负责、对世界负责的 现代化新路

中国式现代化不走西方发达国家先污染后治理的老路，追求人与自然和谐共生，这是对中国负责，也是对世界负责。在生态环境保护上，中国坚持算大账、算长远账、算整体账、算综合账。

全球最大的碳排放权交易市场上线，可再生能源开发利用规模、新能源汽车产销量稳居世界第一，绿色越来越成为中国高质量发展的底色；300 多种珍稀濒危野生动植物野外种群得到很好恢复，自然保护地已占陆域国土面积的 18%，一幅人与自

然和谐共生的美丽画卷在中华大地铺展……中国坚持绿水青山就是金山银山的理念，在推动高质量发展中促进经济社会发展全面绿色转型。

尊重自然、顺应自然、保护自然，促进人与自然和谐共生，是中国式现代化的鲜明特点。中国式现代化坚持可持续发展，坚持节约优先、保护优先、自然恢复为主的方针，坚定不移走生产发展、生活富裕、生态良好的文明发展道路，为实现中华民族永续发展开辟了广阔前景。中国式现代化用实践证明了生态环境保护和经济发展是辩证统一、相辅相成的关系，建设生态文明、推动绿色低碳循环发展，不仅可以不断满足人民日益增长的优美生态环境需要，而且可以推动实现更高质量、更有效率、更加公平、更可持续、更为安全的发展。

如何实现人与自然和谐共生，是各国在追求现代化进程中的一道必答题。在200多年的现代化进程中，西方发达国家普遍走过一条先污染后治理的道路，在创造巨大物质财富的同时，也加速了对自然资源的攫取，带来严重的生态环境问题，人与自然的深层次矛盾日益显现。"一味追求经济增长而破坏环境、过度索取资源的方式，已经不适合当前的全球发展阶段。"阿根廷阿中研究中心主任帕特里西奥·朱斯托表示，国际社会更需要树立起为自然减负、对子孙负责的现代化思路。

中国式现代化不走西方发达国家先污染后治理的老路，追求人与自然和谐共生,这是对中国负责,也是对世界负责。在生态环境保护上,中国坚持算大账、算长远账、算整体账、算综合账。党的十八大以来,中国把生态文明建设作为关系中华民族永续发展的根本大计,开展了一系列根本性、开创性、长远性的工作,美丽中国建设迈出重要步伐,推动中国生态环境保护发生历史性、转折性、全局性变化。经过不懈努力,中国式现代化的生态根基更加牢固,绿色底色不断厚植,人民群众的生态环境获得感、幸福感、安全感更加充实。"中国践行的生态文明理念,展现出一种积极的、立志于为所有人创造更美好世界的思考。"联合国环境规划署前执行主任埃里克·索尔海姆认为,中国建设生态文明的诸多成功实践,为国际社会提供了具有借鉴意义的宝贵经验。

中国式现代化展现出立己达人的天下情怀。过去 10 年,中国是全球能耗强度降低最快的国家之一,超额完成到 2020 年碳排放强度下降 40% 至 45% 的目标,累计减少排放二氧化碳 58 亿吨,这是中国发展惠及世界的又一重要体现。如今,中国已建成全球规模最大的碳市场和清洁发电体系,正积极稳妥推进碳达峰碳中和。与此同时,中国大力推动建设绿色丝绸之路,援助实施绿色环保和应对气候变化项目;率先出资 15 亿元人民币,成立昆明生物多样性基金,支持发展中国家生物多样性保护事业……"中国将生态理念放在发展战略的核心位置,这种战略眼光使中国成为全球生态治理方面的引领者。"墨西哥工业发展和经济增长研究所所长何塞·路易斯·德拉克鲁斯表示。

人不负青山，青山定不负人。中国坚定不移走人与自然和谐共生的中国式现代化道路，建设人与自然和谐共生的美丽中国，必将为构建人与自然生命共同体贡献更多力量。

《人民日报》（2023年3月3日第4版）

思想平台

为人类和平与发展作出更大贡献

新中国成立 70 多年来，从未主动挑起一次冲突，从未侵占别国一寸土地，从未发动过一场代理人战争，从未参加过任何一个军事集团。中国将坚持和平发展道路写入宪法，展现了走和平发展道路的坚定决心。

走和平发展道路，是中国式现代化的鲜明特征和必然选择。这条道路不是传统大国崛起的翻版，不是国强必霸的再版，而是造福中国、有利于世界的正道。中国坚定站在历史正确的一边、站在人类文明进步的一边，高举和平、发展、合作、共赢旗帜，在坚定维护世界和平与发展中谋求自身发展，又以自身发展更好维护世界和平与发展。

有着5000多年历史的中华文明，始终崇尚和平，和平、和睦、和谐的追求，深深植根于中华民族的精神世界之中，深深溶化在中国人民的血脉之中。近代中国长期遭受西方列强侵略，战火频仍，中国人民深受其害。中国共产党和中国人民从苦难中走过来，深知和平的珍贵、发展的价值，把促进世界和平与发展视为自己的神圣职责。习近平主席强调，"中国坚持走和平发展道路"，"无论发展到什么程度，中国永远不称霸、永远不搞扩张"。中国将坚持和平发展道路写入宪法，展现了走和平发展道路的坚定决心。

中国不认同"国强必霸"的陈旧逻辑。一些国家在现代化过程中对外侵略、殖民、掠夺，给广大发展中国家人民带来深重苦难，至今仍有个别西方国家大搞霸权主义、强权政治，严重威胁世界和平稳定。中国式现代化不靠对外军事扩张和殖民掠夺，而是弘扬和平、发展、公平、正义、民主、自由的全人类共同价值，与各国合作共赢，推动构建人类命运共同体。新中国成立70多年来，从未主动挑起一次冲突，从未侵占别国一寸土地，从未发动过一场代理人战争，从未参加过任何一个军事集团。英国48家集团俱乐部副主席基思·贝内特指出，中国的现代化通过发展自身来实现，同时帮助他国发展，这与一些国家剥削他国的做法有着本质区别。

作为世界最大的发展中国家，发展始终是中国的第一要务。中国式现代化既独立自主、自力更生，又在对外开放中广泛借鉴和吸收西方现代化进程中的经验，通过激发内生动力与和平利用外部资源相结合的方式来实现国家发展。中国坚持和平发展、开放发展、合作发展、共同发展，继续为广大发展中国家提供力所能及的支持和帮助。与此同时，中国将坚定不移地维护国家主权、安全和发展利益。中国人民从来没有欺负、压迫、奴役过其他国家人民，也绝不允许任何外来势力欺负、压迫、奴役我们。

当前，世界百年未有之大变局加速演进，世界进入新的动荡变革期，和平与发展面临严峻挑战。中国坚定奉行独立自主的和平外交政策，始终坚持维护世界和平、促进共同发展。中国提出共建"一带一路"倡议，打造了广受欢迎的全球公共产品和开放合作的国际合作平台；发起全球发展倡议，得到100多个国家和包括联合国在内的多个国际组织支持；推进落实全球安全倡议，发布《全球安全倡议概念文件》……新加坡总理李显龙表示，一个强大、友好的中国，将为地区和世界带来积极影响，也有利于帮助中小国家实现共同发展。古巴国际政治研究中心中国问题专家爱德华多·雷加拉多指出，中国坚持走和平发展道路，不仅为自身的现代化建设营造了良好的国际环境，也对人类社会的发展进步产生了重大影响。

思想平台·

无论国际风云如何变幻，中国都将始终做世界和平的建设者、全球发展的贡献者、国际秩序的维护者，同世界各国人民一道推动构建人类命运共同体，努力为人类和平与发展作出更大贡献。

《人民日报》（2023 年 3 月 7 日第 4 版）

新闻苑地

为人类实现现代化提供了新的选择

王　芳　荣　翌　尚凯元　张博岚

"中国 14 亿多人口实现现代化将是人类发展史上前所未有的大事。""中国将坚定不移走和平发展道路，坚定不移深化改革、扩大开放，坚定不移以中国式现代化全面推进中华民族伟大复兴。"

党的二十大胜利召开后，中国特色大国外交踏上新征程。11月 14 日至 19 日，习近平主席应邀赴印度尼西亚巴厘岛出席二十国集团（G20）领导人第十七次峰会、赴泰国曼谷出席亚太经合组织（APEC）第二十九次领导人非正式会议并对泰国进行访问。习近平主席此访在双多边场合系统、深入、精辟阐释党的二十大精神，讲述中国式现代化、中国与世界合作共赢的故事，传递出中国一如既往推动世界和平与发展、深化对外开放与合作的强劲信号。

初心砥柱天地间，人间正道开新篇。国际社会称赞，中国式现代化是中国共产党人的伟大创举，是对人类文明进步的重大贡献，丰富和发展了世界现代化的理论和实践，为人类和平与发展事业贡献了中国智慧、中国方案。

"这将是人类发展史上真正的奇迹"

国内生产总值从 53.9 万亿元升至 114.4 万亿元；经济总量占世界经济的比重达 18.5%，提高 7.2 个百分点；制造业规模、外汇储备稳居世界第一；基础研究经费从 499 亿元增加到 1817 亿元；长征系列运载火箭实施发射 240 余次……一串串数字，标注着新时代十年伟大变革的坚实步伐，体现出中国共产党带领中国人民成功推进和拓展了中国式现代化。

"在中国这片美丽而广袤的土地上，我亲眼见证中国人民的活力，亲身体验中国基础设施建设的成熟，真切感受各个城市的对外开放程度。"摩洛哥驻华大使阿齐兹·梅库阿尔感慨，中国取得今天的发展成就绝非偶然，"这是一个艰巨的过程，需要领导者有清晰的思路，制定周密的规划并使之得到有效执行"。

五级书记抓扶贫，全党动员齐攻坚，现行标准下 9899 万农村贫困人口全部脱贫，创造人类减贫史上的奇迹；高效统筹疫情防控和经济社会发展，取得重大积极成果……中国特色社会主义制度彰显强大治理效能。安哥拉《国家报》在一篇解析"中国特色社会主义为什么能成功"的文章中指出："中国共产党的领导作用，体现在'集中力量办大事'，体现在总揽全局、同向发力的效率。"

迄今为止，全球完成工业化的发达国家和地区人口总和不超过10亿人。中国14亿多人口要整体迈入现代化社会，规模超过现有发达国家总和，将彻底改写现代化的世界版图。"这将是人类发展史上真正的奇迹。"柬埔寨亚洲愿景研究院研究员通孟戴维对中国式现代化的光明前景充满期待。

"我看到了一个国家高效的治理体系是如何运作，如何倾听人民声音并努力实现人民愿望的。"乌兹别克斯坦《人民言论报》副总编辑肯扎耶夫在中共二十大现场听会后如是表示。

中国式现代化为人类实现现代化提供了新的选择，是世界现代化理论的重大丰富和发展。它破除了"现代化就是西方化"的历史迷思，给世界上那些既希望加快发展又希望保持自身独立性的国家和民族以极大的启示和鼓舞。

"许多国家都在关注中国，借鉴中国的成功经验。"赞比亚社会主义党主席弗雷德·蒙贝说，中国取得的巨大成功使赞比亚等发展中国家深受鼓舞，更加看清了发展方向和奋斗目标。

"中国共产党从人民中走来，始终坚持人民至上"

沿着北京中轴线向北，在奥林匹克森林公园周边，中国共产党历史展览馆、国家体育场、中国科技馆、中国非物质文化遗产馆等建筑，汇聚成一个新的文化集群地。历史、体育、科技、文化、生态等主题在此相汇，从一个视角表达着中国式现代化的生动图景。

党的二十大报告深刻阐明中国式现代化五个方面的中国特色：

人口规模巨大的现代化、全体人民共同富裕的现代化、物质文明和精神文明相协调的现代化、人与自然和谐共生的现代化、走和平发展道路的现代化。报告还提出了中国式现代化9个方面本质要求和前进道路上必须牢牢把握的5项重大原则。

巴西瓦加斯基金会教授埃万德罗·卡瓦略指出，中国式现代化坚持以人民为中心，以此解决现代化进程中所面临的各种问题。英国著名学者马丁·雅克表示："中共二十大为我们提供了更加丰富的新思维脉络。"

在这场现代化征程中，人民是最坚实的依托、最强大的底气。"坚持以人民为中心的发展思想""增进民生福祉，提高人民生活品质""站稳人民立场、把握人民愿望、尊重人民创造、集中人民智慧"……哈萨克斯坦中国贸易促进协会会长哈纳特·拜赛克注意到，"人民"是中共二十大报告中的高频词之一，"中国共产党从人民中走来，始终坚持人民至上。"参加中共二十大采访报道的乌干达《新视野》杂志记者纳尔逊说，中国式现代化赋予人民主人翁地位，让所有人都感到有责任参与到国家的发展建设中去。

治国之道，富民为始。奋斗者的脚步永不停歇。在完成脱贫攻坚、全面建成小康社会的伟大历史任务之后，中国共产党提出一系列新的奋斗目标。坚持把实现人民对美好生活的向往作为现代化建设的出发点和落脚点，着力维护和促进社会公平正义，着力促进全体人民共同富裕，坚决防止两极分化……中国式现代化将在更高水平上做大"蛋糕"、分好"蛋糕"，将更加自觉主动地解决地区差距、城乡差距和收入差距问题，扎实推进共同富裕，让现代化建设成果更多更公平惠及全体人民。

巴西《论坛》杂志网站的文章表示："消除绝对贫困并不是结束，而是这个东方大国发展新阶段的开始。"南非约翰内斯堡大学非洲—中国研究中心主任戴维·蒙亚埃认为："共同富裕就是要为 14 亿多人口中的每个人创造条件，让他们在自己的领域有所成就，并为中国的发展作出有意义的贡献。"

在这场现代化征程中，高质量发展是首要任务。从加快建设制造强国、质量强国、航天强国、交通强国、网络强国、数字中国，到建成教育强国、科技强国、人才强国、文化强国、体育强国、健康中国，国际社会关注到中共二十大报告把发展质量摆在更突出的位置，不仅在经济领域，在社会、文化、生态等各领域都体现了高质量发展的要求。

日本庆应大学名誉教授大西广认为，从改革开放之初的"经济增长"到如今的"高质量发展"，中国共产党能够与时俱进，不断制定出符合中国国情和时代发展要求的政策规划。英国东亚委员会秘书长麦启安表示，中国在应对环境和气候问题方面的政策明显展现出综合性和协调性，这在全世界都"表现突出"。巴西圣保罗州立大学哲学与科学学院教授路易斯·保利诺赞叹，中国坚定不移推动高质量发展，迈向现代化强国的道路更加清晰、步伐更加坚定。

"中国式现代化发展惠及全球"

"在这个地球上，平均每分钟有价值 7300 多万元人民币的货物在中国和世界其他国家之间吞吐；平均每天有 40 多列火车在中国与欧洲国家的约 200 个城市间穿梭；从门类齐全的'世界工厂'到商机无限的'世界市场'，中国式现代化发展惠及全球。"法国《欧洲时报》文章如是描述中国与世界的联通互动。

新时代十年，是中国与世界关系实现历史性跨越的十年，也是中国为国际社会作出历史性贡献的十年。

构建人类命运共同体从国别到地区、从双边到多边，在各领域、各方向都取得了实质性进展，为破解全球性问题提供重要的思想资源。共建"一带一路"书写出许许多多合作共赢的精彩故事，成为深受欢迎的国际公共产品和国际合作平台。全球发展倡议和全球安全倡议为维护世界和平、促进共同发展注入新的动力……

"'一带一路'倡议像是把水源引入沙漠，把移动的沙丘变为绿洲，让世界更为开放。"叙利亚驻华大使穆·哈桑内·哈达姆强调，共建"一带一路"是世界经济活动史上当之无愧的里程碑。

咖啡产业是东帝汶的经贸支柱产业之一。近年来，中方积极助力东帝汶企业拓展中国市场。在中国国际进口博览会上，中方为参展的最不发达国家企业提供一系列支持，包括免费提供展位等。东帝汶企业连年参展，其咖啡产品已成为中国市场上的"网红"商品。东帝汶总理鲁瓦克表示，中国坚持扩大对外开放惠及世界，全球发展倡议和全球安全倡议"为应对全人类共同挑战、跨越发展鸿沟、破解全球安全困境贡献了中国方案，给发展中国家带来希望"。

累计派出 5 万多人次参加联合国维和行动，成为联合国第二大会费国和维和摊款国；向 34 个国家派出抗疫医疗专家组，向 120 多个国家和国际组织提供超过 22 亿剂新冠疫苗……在中国身上，世界看到了"大国的样子"。埃塞俄比亚亚的斯亚贝巴大学教授科斯坦蒂诺斯表示，中国的国际影响力、感召力、塑造力显著提升，中国将在国际舞台上发挥更大作用，"这将提振世界的信心，为全球经济复苏发展注入动力"。

高举和平、发展、合作、共赢旗帜，超越扩张掠夺、"国强必霸"的陈旧逻辑，中国式现代化道路创造了人类文明新形态。津巴布韦《先驱报》的文章认为，中国的快速发展给世界以深刻启示，那就是一个国家可以通过和平发展而不是发动战争来实现现代化与繁荣。

从共享发展机遇到分享发展经验，从聚焦中国经济到研究中国治理，国际社会将目光越来越多地投向中国式现代化的世界意义。

在德国，第七十四届法兰克福书展上，《习近平谈治国理政》《之江新语》《摆脱贫困》《习近平谈"一带一路"》《习近平讲故事》等多语种版本著作，吸引着众多外国读者。席勒研究所创始人兼主席黑尔佳·策普·拉鲁什认为，各国读者通过这些著作可以透彻了解中国经验，认识到"走在正确的发展道路上，就会拥有经济腾飞和社会和谐稳定的未来"。

在白俄罗斯，"新时代中国的非凡十年"图片展开幕式上，白国民会议代表院副主席米茨克维奇感叹："中国如今选择的道路不仅将决定本国的发展，并将在很大程度上影响整个世界。"

在南非，学者研究发现，大数据、物联网、跨境电商、遥感技术等正成为非中合作的"新热词""新亮点"。蒙亚埃称赞中国式现代化道路是"人类社会发展的一项创举"，"中国式现代化探寻出一条更加公平的发展道路，中国的发展经验对世界特别是非洲国家和其他发展中国家持续产生深远影响"。

当前，人类社会面临前所未有的挑战，世界又一次站在历史的十字路口，何去何从取决于各国人民的抉择。"中共二十大报告充分表明，中国将坚定站在历史正确的一边、站在人类文明进步的一边。"哈萨克斯坦《实业报》总编辑谢里克·科尔茹姆巴耶夫感慨："在复杂多变的国际环境下，中共二十大给世界注入了强大的稳定预期。"

世界好，中国才能好；中国好，世界才更好。一个不断走向现代化的中国，必将为世界提供更多机遇，为国际合作注入更强动力，为全人类进步作出更大贡献！

《人民日报》（2022 年 11 月 28 日第 3 版）

人口规模巨大的现代化

张梦旭

人口规模巨大是我国的基本国情。习近平总书记在党的二十大报告中深刻阐述中国式现代化五个方面的中国特色，第一个方面就是"人口规模巨大的现代化"。中国这个世界上最大发展中国家整体实现现代化，意味着比现在所有发达国家人口总和还要多的中国人民将进入现代化行列，在人类历史上没有先例可循，将彻底改写现代化的世界版图。

"中国的成功正在激发许多发展中国家
勇敢探索发展和繁荣的本国方案"

"迄今为止，世界上实现工业化的国家不超过 30 个，人口总数不超过 10 亿。中国 14 亿多人口实现现代化将是人类发展史上前所未有的大事。"习近平主席在亚太经合组织工商领导人峰会上发表的书面演讲中这样指出。

党的十八大以来，中国共产党组织实施了人类历史上规模空前、力度最大、惠及人口最多的脱贫攻坚战，全面消除绝对贫困、如期全面建成小康社会。2019 年 7 月，美国库恩基金会主席罗伯特·劳伦斯·库恩撰稿并主持的专题纪录片《前线之声：中国脱贫攻坚》在美国播出。从甘肃到贵州，从新疆到山西，库恩在中国见到了通过读书改变命运的孩子，见到了养骆驼脱贫的牧民，见到了走出大山搬进城镇的老人，见到了为抓扶贫工作立下军令状的基层干部……近 1 亿农村贫困人口脱贫，历史性解决绝对贫困问题，居民人均可支配收入增长近八成。库恩感慨："这的确是彪炳史册的人间奇迹！"

在摩尔多瓦共产党人党主席、前总统沃罗宁看来，在中国共产党坚强领导下，中国取得的最重要成就之一，就是如期打赢脱贫攻坚战，"这既是社会主义本质要求的体现，也是中国共产党重要使命的体现。中国在保障人民的生存权、发展权等方面，已经走在世界前列。"柬埔寨亚洲愿景研究院研究员通孟戴维感慨："中国的成功正在激发许多发展中国家勇敢探索发展和繁荣的本国方案。"

阿尔及利亚阿尔及尔第三大学教授伊斯梅尔·德贝什自 20 世纪 90 年代起一直担任阿尔及利亚—中国友好协会主席。他表示，中国坚持以人民为中心的发展思想，高度重视人民健康和福祉，积极同其他国家共享发展机遇，携手构建人类命运共同体……这些都体现出"人民"在中国式现代化道路中的重要性。

越南社会科学院中国研究所所长阮春强表示，中国式现代化取得的发展成就给中国人民带来了巨大福祉。中国实现繁荣发展的经验做法为其他国家提供了重要借鉴。

亚太经合组织工商咨询理事会印尼代表阿宁迪亚·巴克里表示："中国式现代化拓展了发展中国家走向现代化的途径，为那些既想实现发展，又想保持独立性的国家和民族提供了全新的选择和参照。"

"不断为各国创造广阔发展机遇，给各国人民带来巨大福祉"

"中国经济社会的更好发展，归根结底要激发14亿多人民的力量。我们将坚持以人民为中心，继续提高人民生活水平，使中等收入群体在未来15年超过8亿，推动超大规模市场不断发展。"在亚太经合组织工商领导人峰会上发表的书面演讲中，习近平主席这样阐释。

"人口规模巨大"既是压力与考验，也意味着优势与红利。超大人口规模、超大国土空间、超大经济体量、超大国内市场……一个人口规模巨大的现代化中国，承载着世界对新时代新机遇的期待。

中国式现代化为人类实现现代化提供了新选择，中国的新发展为世界提供新机遇。阿根廷工程和技术支持公司总裁费尔南多·法佐拉里认为："一个拥有14亿多人口的现代化国家不仅是巨大的消费市场，也将拥有聚合全球供应链的超强能力。"

第五届中国国际进口博览会上，共有来自127个国家和地区的2800多家企业参加企业商业展，按一年计意向成交金额735.2亿美元，比上届增长3.9%。新西兰乳业企业纽仕兰在进博会上发布了一款牛奶新品，首批 38 个集装箱货物在发布现场便被互联网平台商订空。公司全球研发总经理罗伊说，公司产品从最初进入中国市场的几个单品发展成如今数十个产品，这得益于中国庞大的消费市场。

14 亿多人口、4 亿以上中等收入群体，每年进口商品和服务约 2.5 万亿美元，中国市场吸引着全球工商界的目光。泰国企业家汪鸿洲认为，中国式现代化是人口规模巨大的现代化，由此释放的消费需求将有力推动世界经济持续发展，进一步坚定了大家深耕中国市场的决心。

总部位于美国的全球营养品公司康宝莱全球高级副总裁郭木说："对全球商界而言，中国现在和将来都是充满希望和机遇的发展热土。我们在全球市场的不确定性中看到了中国市场的确定性。"

土耳其马尔马拉基金会主席阿克坎·苏威尔表示："现在中国已是 140 多个国家和地区的主要贸易伙伴。中国不断为各国创造广阔发展机遇，给各国人民带来巨大福祉。"

"一条遵循自身发展规律、聚焦解决实际问题的发展道路"

党的二十大报告提出："中国式现代化，是中国共产党领导的社会主义现代化，既有各国现代化的共同特征，更有基于自己国情的中国特色。"

"中国的成功，关键在于中国共产党的坚强领导。"坦桑尼亚革命党中央委员会委员米曾戈·平达曾多次访问中国。他表示，中国积累的许多经验，例如优先发展农业农村，加强贫困地区基础设施建设等，解决大量农村人口的贫困问题，这对坦桑尼亚等非洲国家具有很重要的借鉴意义。"当前，坦桑尼亚革命党正在努力践行'发展为民'理念。中国在人口众多的情况下前所未有地推动国家现代化，为坦桑尼亚革命党提供了启示。"

泰国国会主席兼下议院议长川·立派表示，中国共产党团结带领 14 亿多中国人民走向现代化，鼓舞了广大发展中国家。"没有人比中国人更了解自己的国家。中国走出了一条遵循自身发展规律、聚焦解决实际问题的发展道路，这是中国共产党的创举。"

沃罗宁认真研读了《习近平谈治国理政》，对中国实现发展进步的原因有了更深刻的认识和理解。他表示，今天的中国拥有全球最完整、规模最大的工业体系，是世界经济增长的重要引擎。中国共产党的领导在中国的快速发展中发挥了决定性作用。中国人民的辛勤付出和创造能力是中国实现跨越式发展的重要原因。"中国共产党最宝贵的经验之一，就是坚持把马克思主义基本原理同中国具体实际相结合、同中华优秀传统文化相结合。"

"在中国共产党领导下，中国成功走出了一条符合本国国情的发展道路，为人类实现现代化提供了新的选择。"多米尼加共和国科学院院士、中国与亚洲问题分析研究中心主任爱德华多·克林格表示，中国共产党能够长期执政，始终得到人民拥护和支持，其中一个重要原因是中国共产党坚持一切为了人民、一切依靠人民。"我们相信，拥有丰富执政经验的中国共产党一定能够团结带领中国人民朝着既定目标不断前进，取得新的伟大成就。"

《人民日报》（2022 年 11 月 29 日第 3 版）

全体人民共同富裕的现代化

曲　颂　周　辂　陈效卫

"国之称富者，在乎丰民。"共同富裕是社会主义的本质要求，是人民群众的共同期盼。党的十八大以来，以习近平同志为核心的党中央把逐步实现全体人民共同富裕摆在更加重要的位置上，推动区域协调发展，采取有力措施保障和改善民生，打赢脱贫攻坚战，全面建成小康社会，为促进共同富裕创造了良好条件。在党的二十大报告中，习近平总书记深刻阐述了中国式现代化五个方面的中国特色，其中一个方面就是"全体人民共同富裕的现代化"。

"民众的幸福感更强烈了"

近 1 亿农村贫困人口实现脱贫，历史性地解决绝对贫困问题；

国内生产总值、人均国内生产总值分别突破 100 万亿元和 1 万美元；中等收入群体超过 4 亿人，实现从低收入国家到中等偏上收入国家的历史性跨越⋯⋯中国式现代化坚持把实现人民对美好生活的向往作为现代化建设的出发点和落脚点，着力维护和促进社会公平正义，着力促进全体人民共同富裕，坚决防止两极分化。

法国参议院副议长、法国共产党全国委员会主席皮埃尔·洛朗多次访问中国，他说：“每隔几年看中国，巨大的变化和发展都让我震撼。过去十年，中国持续快速发展。最令我感慨的是中国脱贫攻坚所走过的道路。全面消除绝对贫困、如期全面建成小康社会，中国共产党把承诺变为现实。”

拉脱维亚姑娘安泽在中国多个电视节目中担任外籍主持人。因为工作需要，她多次走访中国的乡村地区。安泽回忆说，10 多年前到广西壮族自治区百色市那岩古寨，需要换乘飞机、汽车等多种交通工具，还得走几个小时的山路。这让她深刻感受到，让每一个居住在贫困地区的人拥有美好生活，是一项艰巨的任务。“文化旅游、直播带货⋯⋯中国正在探索形式多样的乡村振兴路径，越来越多的村庄开始重视以产业链带动周边发展。”

在广西壮族自治区乍洞村担任驻村第一书记“助理”的卢森堡人汉森·勒内，与基层干部一道帮助村民修路盖房，教村民种植百香果、黄瓤西瓜、黑龙茄子等，还为山里的野蜂蜜“带货”。他认为：“中国不仅在政策、资金等方面支持落后地区脱贫，还展示了通向美好未来的方式，授人以渔。”

交通、电力、通信、教育、医疗⋯⋯“随着贫困地区的建设和保障日益完善，民众的幸福感更强烈了。"新加坡国立大学李光耀公共政策学院副教授顾清扬认为，脱贫攻坚、乡村振兴等是中国社会重视弱势群体发展的缩影，中国正阔步迈向共同富裕的目标。

"为世界提供了全新的现代化模式"

中国要实现共同富裕，但不是搞平均主义，而是要先把"蛋糕"做大，然后通过合理的制度安排把"蛋糕"分好，水涨船高、各得其所，让发展成果更多更公平惠及全体人民。

澳大利亚悉尼大学中国问题研究中心主任戴维·古德曼曾在中国多个城市生活。在他看来，现代化的定义、路径和模式没有一定之规。"中国式现代化强调全体人民共同富裕，通过创造更多机会，不断提升民众生活水平。"

走访中国多地后，法国国际问题专家布鲁诺·吉格感慨："中国的实践正推动西方研究者反思其既有观点，比如'什么是发展''什么是民主''什么是好的国家治理'。中国给出了不同的答案。"

英国学者马丁·雅克表示，在很长一段时间里，美国等西方国家定义了"现代化标准"，但西方现代化导致了包括贫富差距悬殊在内的严重不平等问题。中国正在以推动实现共同富裕的方式，化解发展中遇到的挑战。"中国式现代化为世界提供了全新的现代化模式。"

"各国需要为更加公平的财富分配而努力。"秘鲁学者卡洛斯·阿基诺认为，中国自改革开放以来，使7亿多农村贫困人口脱贫，为许多发展中国家解决贫困问题树立了榜样。中国促进共同富裕的经验值得其他国家学习。

英国政治评论员卡洛斯·马丁内斯认为，中国为促进收入、教育等资源的合理分配和企业有序发展采取措施，推动共同富裕已经取得积极成果，有效改善了民众生活。

"各国一起发展才是真发展，大家共同富裕才是真富裕"

中国式现代化为人类实现现代化提供了新的选择，中国共产党和中国人民为解决人类面临的共同问题提供更多更好的中国智慧、中国方案、中国力量。"各国一起发展才是真发展，大家共同富裕才是真富裕。""在人类追求幸福的道路上，一个国家、一个民族都不能少。"一个不断走向现代化的中国，必将为世界提供更多机遇，为国际合作注入更强动力，为全人类进步作出更大贡献。

在哈萨克斯坦札纳塔斯，中哈合资建设的风电项目极大缓解哈南部地区缺电状况，给城市带来投资，给当地人带来工作机会，也让一度沉寂的工业城镇札纳塔斯焕发生机。

在布隆迪布班扎省基航加县，中国农业专家组成功实施杂交水稻减贫示范村项目，帮助全村居民摆脱绝对贫困。

在柬埔寨，金港高速串联起金边、干丹、磅士卑、戈公、西哈努克5个人口稠密的省市，不仅为民众出行提供了便利，也有望间接创造上万个工作岗位，拉动沿线地区投资和消费，推动柬埔寨西南区域经济乃至整个柬埔寨经济的发展。

…………

截至 2022 年 7 月底，中国已与"一带一路"沿线 149 个国家、32 个国际组织签署 200 多份合作文件。无数"连心桥""繁荣港""幸福路"，在"一带一路"沿线国家铺展，改善了亿万民众的生活。

作为中国提供的国际公共产品，全球发展倡议为缩小南北鸿沟、破解发展不平衡提出了"路线图"，也为推进联合国 2030 年可持续发展议程提供了"加速器"。一年多来，"全球发展倡议之友小组"成员已逾 60 国。

埃塞俄比亚亚的斯亚贝巴大学教授科斯坦蒂诺斯认为，中国的发展成就鼓舞了发展中国家努力追求社会进步和包容性发展。联合国秘书长古特雷斯表示，中方提出的全球发展倡议同联合国 2030 年可持续发展议程相契合，在帮助发展中国家共同发展方面，中国所作努力无可比拟。

从举办广交会、进博会、服贸会、消博会，到加快建设自贸试验区，再到高质量实施《区域全面经济伙伴关系协定》，中国始终以开放之姿拥抱世界，以自身发展推动共同发展，以扎实行动推动建设开放型世界经济，不断打开"共享未来"的机遇之门。墨西哥驻华大使施雅德表示，随着中国经济规模不断扩大、国际贸易投资参与度持续提升，中国对全球的重要性与日俱增，正成为全球治理体系改革和建设的重要参与者。

为人民谋幸福，为世界谋大同。中国式现代化的理念和实践为构建人类命运共同体不断注入新内涵新动力，为人类文明进步指引未来，为人类共同发展开辟更加广阔的前景。

《人民日报》（2022 年 11 月 30 日第 3 版）

物质文明和精神文明相协调的现代化

龚　鸣　　肖新新

党的二十大报告深刻阐明了中国式现代化五个方面的中国特色，其中一个重要方面就是"物质文明和精神文明相协调的现代化"。前进道路上，只有物质文明建设和精神文明建设都搞好，国家物质力量和精神力量都增强，全国各族人民物质生活和精神生活都改善，中国式现代化才能顺利向前推进。

"中国人民的自信心与获得感与日俱增"

今夏，贵州省"美丽乡村"篮球联赛黔东南州半决赛在苗族村落台盘村开赛。16支球队，4天27场比赛。看台座无虚席，网络直播累计观看人次上亿。

在台盘村，每逢苗家农事节日"吃新节"，举行篮球赛都是重头戏。党的十八大以来，当地基础设施不断完善，民众开车出村10分钟可以上高速、20多分钟能坐上高铁，5G网络实现覆盖。

"过去10年，中国城市变得更现代、乡村变得更美丽，中国人民的自信心与获得感与日俱增。"在泰国泰中"一带一路"研究中心主任威伦·披差翁帕迪看来，这是中国取得的巨大发展成就，也给世界其他国家提供了很好的借鉴。

巴西巴中研究中心主任埃万德罗·卡瓦略说，中国式现代化强调物质文明和精神文明相协调，"我们可以看到，这是一条通往生产发展、生态良好、生活富裕的发展道路。"

安徽财经大学外籍教师查理斯·大卫·斯特朗通过观察发现，中国城市面貌焕然一新。除了富足的物质生活，这里还有越来越进步的文明风尚。中国人越来越开放地拥抱世界。

哥斯达黎加经济、工业和商业部前副部长维利亚·戈瓦莱表示，与以往相比，中国民众的生活有了巨大改善，"行走在中国不同城市的大街小巷，我都有一种无处不在的安全感。"

"为推进高质量发展汇聚起强大精神力量"

一个民族的复兴需要强大的物质力量，也需要强大的精神力量。没有先进文化的积极引领，没有人民精神世界的极大丰富，没有民族精神力量的不断增强，一个国家、一个民族不可能屹立于世界民族之林。

西南大学外籍副教授弗朗西斯·斯东尼尔今年 8 月参加了扑灭重庆山火的救援行动。他说："在这场与山火的斗争中，我亲身感受到中国民众的爱国情怀和义不容辞保家卫国的精神。"外国网友评价："中国人民在危难中表现出的动员能力、决心和意志力是世界上任何国家都无法比拟的。"

南非驻华大使谢胜文表示："面对艰难困苦，中国共产党坚定信念、不忘初心，带领中国人民跨过一道又一道沟坎，取得一个又一个胜利。"

斯里兰卡议长阿贝瓦德纳说："中国共产党具有坚定的信念，团结带领中国人民取得了伟大发展成就。这些成就激励着一代又一代人为国家发展作出更大贡献。"

俄罗斯中国友好协会第一副主席谢尔盖·萨纳科耶夫认为，中国精神文明建设取得丰硕成果，社会凝聚力不断增强，"为推进高质量发展汇聚起强大精神力量"。

"没什么能动摇这个伟大民族的坚定意志。"中央民族大学美籍专家马克·力文坚信，中国共产党和中国人民将勠力同心，不断战胜前进道路上的困难挑战，把国家建设得更加富强。

巴基斯坦驻华大使莫因·哈克说："相信中国一定能够实现国家发展目标，建设一个物质文明和精神文明相协调的强大国家。"

保加利亚共产党中央委员会第一书记阿列克桑达尔·帕乌诺夫认为，作为世界上最大的政党，中国共产党同世界各国政党积极分享治党治国经验、开展文明交流对话。中国理念和经验是世界各国的共同宝贵财富。

"推动构建人类命运共同体的生动实践"

二十四节气、黄河之水、中国结、迎客松、折柳寄情、雪花主题歌……展现圆融和合等中国理念的北京冬奥会开、闭幕式，让世界领略中华文化和奥林匹克精神和合共生。这场连接东西方文明的"冬奥之约"，搭建起中华文明与世界文明交流互鉴的桥梁。

中国主张平等、互鉴、对话、包容的文明观，倡导世界各国弘扬和平、发展、公平、正义、民主、自由的全人类共同价值，以文明交流超越文明隔阂，以文明互鉴超越文明冲突，以文明共存超越文明优越，为世界文明朝着平衡、积极、向善的方向发展提供助力。

巴基斯坦全球战略研究中心研究员马哈茂德—哈桑·汗认为，中国式现代化强调物质文明和精神文明相协调，对广大发展中国家具有重要借鉴意义，必将进一步推动世界文明发展繁荣。

乌兹别克斯坦世界经济和外交大学现代冲突和安全研究室主任乌卢格别克·哈桑诺夫认为，中国式现代化将为推动中外文明交流互鉴创造更多机遇和条件，为世界带来更多稳定性和确定性。

中国以自身新发展为世界提供新机遇，为全球发展注入更强动力。白俄罗斯共产党中央委员会第一书记索科尔认为，中国式现代化既切合中国实际，体现了社会主义建设规律，也符合世界大势，体现了人类社会发展规律，丰富了世界现代发展理论内涵和路径。

中国在93个国家派驻文化和旅游机构，与157个国家签订政府间文化和旅游合作协定；积极推进"一带一路"文化交流与合作，建立丝绸之路国际剧院联盟、博物馆联盟、艺术节联盟、图书馆联盟、美术馆联盟等，成员单位达539家；开展亚洲文化遗产保护行动，实施亚洲经典著作互译计划、亚洲影视交流合作计划等，为展示和传播文明之美打造交流互鉴平台。

俄罗斯人民友谊大学教授塔夫罗夫斯基认为，中国式现代化注重物质文明的积累，也致力于精神文明的升华，并坚持与各国和平共处、互利共赢，"是推动构建人类命运共同体的生动实践"。

在全面建设社会主义现代化国家新征程中，中国将坚定不移推动物质文明与精神文明协调发展，不断提高人民物质生活和精神生活水平，深入开展同各国文化交流合作，广泛参与世界文明对话，深化文明交流互鉴，推动中华文化更好走向世界。

《人民日报》(2022 年 12 月 1 日第 6 版)

人与自然和谐共生的现代化

刘 融 荣 翌

　　人与自然是生命共同体，大自然是人类赖以生存发展的基本条件。党的二十大报告深刻阐述了中国式现代化五个方面的中国特色，其中一个重要方面就是"人与自然和谐共生的现代化"。

　　党的十八大以来，中国生态文明建设和生态环境保护发生历史性、转折性、全局性变化，人与自然和谐共生的美丽中国正在从蓝图变为现实，中国式现代化厚植绿色底色。党的二十大报告为推进美丽中国建设指明前进方向：加快发展方式绿色转型，深入推进环境污染防治，提升生态系统多样性、稳定性、持续性，积极稳妥推进碳达峰碳中和。人与自然和谐共生的中国式现代化，正在为共建清洁美丽的世界作出新的更大贡献。

"在发展和环境可持续性之间寻找平衡"

今年夏天，在内蒙古鄂尔多斯杭锦旗库布其沙漠沙峰绿谷，来自巴西的网红博主塞米看到不断伸向沙漠腹地的绿色，感叹道："这里的人们利用无人机植树、飞机播种等科技手段对沙漠进行生态修复，库布其沙漠的治理成效令人惊叹！"

从以前的黄沙蔽日，到如今的绿色奇迹，库布其依靠种植、旅游、光伏等产业增收致富，被联合国列为可借鉴典范，成为中国经济社会绿色转型发展的一个缩影。

尊重自然、顺应自然、保护自然，是全面建设社会主义现代化国家的内在要求。10年来，中国坚持可持续发展，坚定不移走生产发展、生活富裕、生态良好的文明发展道路，有力推动了人与自然和谐共生的现代化建设：坚持并落实最严格的生态环境保护制度，科学划定生态保护红线，陆域生态保护红线面积占陆域国土面积比例超过30%；推动实施全国重要生态系统保护和修复重大工程，森林覆盖率增长到24.02%；全国近岸海域水质优良比例达到81.3%，水清滩净、鱼鸥翔集、人海和谐的美丽海湾不断显现……

"中国生态环境的改善有目共睹。"肯尼亚非洲政策研究所所长卡格万加认为，"中国在应对气候变化、推动全面绿色低碳转型方面的努力富有成效，让人真正领略了生态文明建设的内涵，即在发展和环境可持续性之间寻找平衡，使人与自然和谐共生。"

美国国家地理学会中国首席代表哈克尼斯多年来见证了中国生态环境的巨变。他说，经济社会的发展诉求和维系良好的生态系统间经常存在权衡的困难，其他国家可向中国学习如何致力于投资环境基础设施和环境保护。大自然不以国界划分，保护环境需要各国民众加强合作、共同努力。

美国外交学者网站发表文章说，中国生态文明理念包括减排和维护生物多样性等，这使人类超越工业革命和后工业革命的消费方式，进入更高发展阶段，实现人与自然和谐共处。

"中国建设生态文明的诸多成功实践，为国际社会提供了具有借鉴意义的宝贵经验。"曾任联合国副秘书长、联合国环境规划署执行主任的埃里克·索尔海姆评价，人类迫切需要找回自身与地球母亲的和谐关系。中国践行的生态文明理念将得到国际社会越来越多的重视，赢得越来越多支持，为促进人与自然和谐共生作出更大贡献。

"中国坚持绿色低碳发展将显著加速全球绿色转型"

党的二十大报告提出："推动经济社会发展绿色化、低碳化是实现高质量发展的关键环节。"

近年来，中国大力推进绿色、循环、低碳发展，能源生产结构加速转变，清洁能源占比持续提升，以年均 3% 的能源消费增速支撑了平均 6.6% 的经济增长。如今，中国可再生能源开发利用规模、新能源汽车产销量稳居世界第一；中国光伏新增装机量连续 9 年位居全球首位，"光伏 +"应用场景不断深化。

第五届中国国际进口博览会上，深耕中国市场 40 余年的爱普生公司展示了 60 余件绿色创新产品。公司相关负责人深石明宏说："中国的绿色低碳发展政策让我们尝试推出全新的创新产品及服务。"

冰岛驻华大使易卜雷表示，通过冰岛极地绿色能源公司与中国石化成立的合资企业，冰岛积极参与中国地热市场。同时，在碳捕集、封存与利用等新领域，冰岛也看好中国市场。

中国的绿色发展本身有助于推动全球可持续发展，其影响是世界性的。英国皇家国际问题研究所环境与社会部高级研究员郭江汶说："作为世界上最大的发展中国家，中国坚持绿色低碳发展将显著加速全球绿色转型。"知名软件供应商思爱普全球执行副总裁黄陈宏认为，中国的绿色发展必将深刻改变全球能源、环境和经济格局。

在全球范围内，乘着高质量共建"一带一路"东风，绿色发展的种子在共建国家生根发芽。由中国企业提供关键设备的意大利首个海上风电项目——贝莱奥利科海上风电项目并网，可满足近两万个家庭的用电需求，助力意大利绿色转型；中企修建的乌干达卡鲁玛水电站，专门设计的鱼道降低了大坝对洄游性鱼类的影响，保证了鱼类生长繁殖；由中企承建的科威特穆特拉住房基础设施建设项目，在科威特首次引进雨水利用系统，收集的雨水回灌至地下，改善当地生态环境……

丝绸之路国际总商会执行主席让—盖·卡里埃表示，共建"一带一路"倡议已成为改善全球环境治理的驱动力。

"中国积极担当作为是推动构建人类命运共同体的生动体现"

中国率先发布《中国落实 2030 年可持续发展议程国别方案》，

全面履行《联合国气候变化框架公约》及其《巴黎协定》，成为《生物多样性公约》及其议定书核心预算的最大捐助国，成立昆明生物多样性基金、支持发展中国家生态保护事业……中国坚定践行真正的多边主义，努力推动构建公平合理、合作共赢的全球环境治理体系，凝聚起推进全球生态文明建设的国际合力。

作为世界上最大的发展中国家，中国将完成全球最高碳排放强度降幅，用世界历史上最短的时间实现从碳达峰到碳中和。美国加州大学河滨分校副教务长马尔科·普林瓦茨表示，中国确定的"双碳"目标为应对气候变化作出重要贡献。

2021年7月，全国碳排放权交易市场正式启动上线交易。截至2022年10月21日，碳排放配额累计成交量1.96亿吨，累计成交额85.8亿元，市场运行总体平稳有序。全球知名温室气体排放监测技术企业绿证公司董事长西奥多·文纳斯对中国充分利用市场机制推动绿色发展的努力印象深刻，认为建立中国碳市场将成为实现全球碳中和的关键驱动力。

南非大学姆贝基非洲领导力研究所高级研究员谭哲理表示，从践行绿水青山就是金山银山理念到宣布碳达峰碳中和目标，"在全球性议题上，中国积极担当作为是推动构建人类命运共同体的生动体现"。

全球气候适应中心首席执行官帕特里克·费尔科延高度评价中国今年发布的《国家适应气候变化战略2035》，认为适应气候变化对人类来说既是一个重大挑战，也将带来许多新机遇。"中国的故事告诉我们，为适应气候变化而投资，不仅能促进就业和经济增长，还能促进国家的繁荣稳定发展。"

亚洲开发银行副行长艾哈迈德·赛义德说："中国的气候战略是很好的典范。中国不仅在本国实施该战略，还面向全世界分享经验，加强与其他发展中国家的合作，这是迈向正确合作方向的积极步伐。"

道阻且长，行则将至；行而不辍，未来可期。生态文明是人类文明发展的历史趋势。一个不断走向现代化的中国，必将为世界提供更多机遇，为国际合作注入更强动力，为全人类进步作出更大贡献。

《人民日报》（2022 年 12 月 19 日第 3 版）

走和平发展道路的现代化

俞懿春　杨　一

"建设一个什么样的世界、如何建设这个世界"是人类社会永恒的命题。百年变局和世纪疫情相互叠加，世界进入新的动荡变革期。各国人民对和平发展的期盼更加殷切，对公平正义的呼声更加强烈，对合作共赢的追求更加坚定。

党的二十大报告提出，中国式现代化是走和平发展道路的现代化。站在新的历史起点上，中国将继续奏响和平发展、合作共赢的时代强音，同世界各国携手构建人类命运共同体，共同建设持久和平、普遍安全、共同繁荣、开放包容、清洁美丽的世界。

造福中国、利好世界的正道

从苦难中走过来的中国共产党和中国人民，深知和平的珍贵、发展的价值，把促进世界和平与发展视为自己的神圣职责。过去数十年，中国牢牢把握和平与发展的时代主题，取得现代化建设辉煌成就。新时代中国日益走近世界舞台中央，全面建设社会主义现代化国家开启新征程。国际社会投来关注目光：中国式现代化道路将如何造福世界？

习近平主席指出："我们坚定站在历史正确的一边，高举和平、发展、合作、共赢旗帜，在坚定维护世界和平与发展中谋求自身发展，又以自身发展更好维护世界和平与发展。"

中国是世界上唯一一个将"坚持和平发展道路"写入宪法的国家，任何人、任何事、任何理由都不能动摇中国走和平发展道路的决心和意志。中国式现代化道路不是传统大国崛起的翻版，更不是国强必霸的再版，而是造福中国、利好世界的正道。

美国巴德学院高级研究员彭润年表示，中国式现代化没有涉及殖民、帝国主义和剥削其他国家，这是一个巨大成就，颠覆了西方现代化的单一模式。

英国48家集团俱乐部副主席基思·贝内特说，历史上，一些西方国家的现代化建立在对他国剥削、压迫和殖民的基础上。中国的现代化并非通过剥削他国，而是通过发展自身来实现，同时帮助他国发展。"这是本质区别。"

和平发展道路在中国与世界各国的良性互动和互利共赢中开拓

前进，在维护中国国家利益与促进世界和平发展的辩证统一中走通走顺。

"中国是一个和平发展的大国，对自身的文化特质感到自豪，遵守国际准则，提倡互相尊重……如果所有大国都能像中国一样，世界将更和平。"法国国际政治问题专家布鲁诺·吉格感慨道。

创造人类文明新形态

中国共产党是为中国人民谋幸福、为中华民族谋复兴的党，也是为人类谋进步、为世界谋大同的党。

习近平主席 11 月访问泰国期间，为泰国总理巴育带去两件特别的礼品——"复兴号"动车组模型和《习近平谈治国理政》第一至第四卷英文版。意涵丰富的礼物背后，是发展经验的分享，是发展机遇的共享。

面对世界百年未有之大变局，面对发展赤字和治理难题，中国提出构建人类命运共同体理念，提出共建"一带一路"倡议、全球发展倡议、全球安全倡议，中国智慧、中国方案、中国力量绘就维护世界和平、促进共同发展的同心圆。

索马里前驻华大使阿威尔表示，中国共产党注重和平发展，这不同于传统强国的轨迹，而是通过谋求人类和平与发展，积极推动构建人类命运共同体。

巴西共产党副主席索伦蒂诺表示，中国共产党成功开创了中国特色社会主义道路，建立了丰功伟绩，并始终心系人类福祉与世界和平。巴西共产党愿与中国共产党并肩携手，推动构建人类命运共同体。

中国式现代化，打破了现代化就是西方化的迷思，拓展了发展中国家走向现代化的途径，给世界上那些既希望加快发展又希望保持自身独立性的国家和民族提供了全新选择，创造人类文明新形态。英国政治评论员卡洛斯·马丁内斯表示，中国正开展"和平、可持续、公正的"现代化，这是对人类集体认识的宝贵贡献。中国式现代化"向世界展示了现代化的道路不止一条"。

美国伊利诺伊理工大学斯图尔特商学院经济学教授哈伊里·图尔克说，中国式现代化堪称"奇迹"。中国不仅是其他发展中国家值得信赖的伙伴，还为这些国家提供了共享发展成果的机会以及有借鉴意义的发展路径。

"中国式现代化为非洲国家以及世界其他国家的现代化建设提供了重要经验。中国坚持走和平发展道路启迪我们，一切进步的政党都应为实现世界和平发展携手合作。"南非共产党总书记马派拉表示。

携手开创更加美好的世界

"只要共行天下大道，各国就能够和睦相处、合作共赢，携手创造世界的美好未来。"实践充分证明，我们走和平发展道路的现代化，对中国有利、对世界有利，既是始终如一的价值坚守，更是实实在在的实践行动。

来自中国的杂交水稻，鼓起非洲稻农的"米袋子""钱袋子"；中欧班列飞驰而行，奏响互利共赢的乐章；中国与阿拉伯国家关系蓬勃发展，高科技和绿色成为合作关键词；巴西巴伊亚州云轨、哥伦比亚波哥大地铁一号线、阿根廷"基塞"水电站等项目扎实推进，中国和拉美经贸合作展现出强劲韧性和发展势头……数不胜数的合作共赢故事，是中国为世界和平与发展崇高事业作出贡献的生动注脚。

巴勒斯坦中国友好协会主席阿德南·萨马拉表示，中国为促进世界和平与发展、推动建设开放型世界经济作出重要贡献。中国秉承和平发展的理念，致力于将"一带一路"打造成和平之路，这是顺应时代潮流的重要举措。

党的二十大报告提出，中国坚持在和平共处五项原则基础上同各国发展友好合作，推动构建新型国际关系，深化拓展平等、开放、合作的全球伙伴关系，致力于扩大同各国利益的汇合点。

"中国式现代化的发展成果能为世界各国所共享，原因是中国一直坚持并弘扬多边主义。"玻利维亚前总统莫拉莱斯表示，中国式现代化惠及世界，还体现在中国始终以合作共赢为目标发展国际关系，为世界和平以及更好、更均衡的发展作出重要贡献。

"中国式现代化是走和平发展道路的现代化，必将为完善全球治理注入更多正能量。"古巴国际政治研究中心中国问题专家爱德华多·雷加拉多表示，中国始终坚定奉行独立自主的和平外交政策，维护国际关系基本准则和国际公平正义，期待中国新发展不断为世界带来新机遇。

应时代潮流而日新，行人间正道以致远。中国将继续同世界各国人民一道，弘扬和平、发展、公平、正义、民主、自由的全人类共同价值，为推动人类发展进步、开创更加美好的世界作出新的更大贡献。

《人民日报》（2022 年 12 月 20 日第 3 版）

以中国式现代化推动人类整体进步

张志文　杜一菲

"中国式现代化，深深植根于中华优秀传统文化，体现科学社会主义的先进本质，借鉴吸收一切人类优秀文明成果，代表人类文明进步的发展方向，展现了不同于西方现代化模式的新图景，是一种全新的人类文明形态。"习近平总书记在学习贯彻党的二十大精神研讨班开班式上发表重要讲话，备受全球关注。

在中国共产党的坚强领导下，万众一心踏上新征程的中国，正在以中国式现代化全面推进中华民族伟大复兴，坚定不移推动高质量发展和高水平开放，坚定不移维护世界和平、促进共同发展，携手各方推动构建人类命运共同体。这不仅为当今动荡世界提供了最重要的稳定性、为世界的和平与发展事业注入最强劲的正能量，也为人类全面认识现代化道路、探索更好社会制度提供了中国方案。

"向世界展示了现代化的道路不只一条"

一个国家走向现代化，既要遵循现代化一般规律，更要符合本国实际，具有本国特色。中国式现代化既有各国现代化的共同特征，更有基于自己国情的鲜明特色。党的二十大报告明确概括了中国式现代化是人口规模巨大的现代化、是全体人民共同富裕的现代化、是物质文明和精神文明相协调的现代化、是人与自然和谐共生的现代化、是走和平发展道路的现代化这 5 个方面的中国特色，深刻揭示了中国式现代化的科学内涵，为全面建成社会主义现代化强国、实现中华民族伟大复兴指明了一条康庄大道。

长期以来，尽管各国在现代化发展中互有关联，但现代化发展进程往往并不同步，推进现代化的道路和方式也各不相同。作为人类共同的探索和实践，世界现代化进程呈现多样性特点。后发国家推进现代化，可以借鉴先行者的成功经验，但照抄照搬鲜有成功者。"西方的现代化是帝国主义的现代化，世界其他地方因此而受苦。"英国政治评论员卡洛斯·马丁内斯坦言，中国式现代化不是建立在殖民扩张、帝国主义剥削和战争的基础上，其基础是中国共产党远见卓识的领导和中国人民的努力，中国式现代化"向世界展示了现代化的道路不只一条"。

新中国成立特别是改革开放以来，中国用几十年时间走完西方发达国家几百年走过的工业化历程，创造了经济快速发展和社会长期稳定的奇迹，为中华民族伟大复兴开辟了广阔前景。反观西方国家以资本为驱动的现代化，在带来经济社会发展的同时，也造成了贫富悬殊、两极分化、精神空虚等一系列问题，困扰着经济社会的进一步发展。"现代化绝不仅仅意味着工业化或者资本积累。"玻利维亚前总统埃沃·莫拉莱斯指出，当今世界应该实现更加公平的现代化，"资本主义国家犯下的错误，我们是能够避免的。"英国48家集团俱乐部副主席基思·贝内特也认为，中国式现代化反映了世界现代化理论的发展，反映了中国的智慧、文明和历史，也反映出马克思主义在中国的应用和发展。中国式现代化并非通过剥削他国，而是通过发展自身来实现，同时帮助他国发展。"这是（与西方的）本质区别。"

面对"现代化=西方化"的迷思，中国式现代化展现了现代化的另一幅图景，拓展了发展中国家走向现代化的路径选择，为人类探索更好社会制度提供了中国方案。"中国走出了一条不同于西方的道路，证明西方版的资本主义和纯粹的私有经济并非金科玉律。""中国提出的'中国式现代化'已经成为一种不可忽视的发展道路。""中国式现代化道路是对西方现代化道路的'超越'。"……在国际人士看来，中国式现代化蕴含的独特世界观、价值观、历史观、文明观、民主观、生态观等及其伟大实践，是对世界现代化理论和实践的重大创新。中国式现代化为广大发展中国家独立自主迈向现代化树立了典范，为其提供了全新选择。

"中国提出的这一大方向令人备受鼓舞"，日本社民党干事长服部良一期待中国式现代化成为世界发展典范。"中国式现代化道路是人类社会发展的一项创举。"南非约翰内斯堡大学非洲—中国研究中心主任戴维·蒙亚埃表示，中国式现代化内涵是渐进的、以发展为导向的。中国的和平发展和共同繁荣理念已经体现在中国提出的全球性倡议中。

"与中国合作、建立经济联系是明智的决定"

近年来，世界大变局加速演进，世界之变、时代之变、历史之变正以前所未有的方式展开。新冠疫情影响深远，逆全球化思潮抬头，单边主义、保护主义明显上升，世界经济复苏乏力，局部冲突和动荡频发，全球性问题加剧，世界进入新的动荡变革期，人类社会面临前所未有的挑战。

中国坚定站在历史正确的一边、站在人类文明进步的一边，高举和平、发展、合作、共赢旗帜，在坚定维护世界和平与发展中谋求自身发展，又以自身发展更好维护世界和平与发展。面对国际形势新动向新特征，习近平总书记提出一系列重要新理念新倡议，深刻阐述积极应对全球性挑战的中国主张和中国方案，深刻体现了中国同各国一道建设更加美好世界的坚定决心和使命担当。

今年2月，伴随着阿联酋海军军乐队演奏的中阿传统民乐，在两国各界代表的共同期盼中，中国海军南宁舰平稳停靠在阿联酋首都阿布扎比扎耶德港，参加在这里举行的阿布扎比国际海事防务展。在这里，中国海军与阿联酋和其他参展国海军举行专业研讨、相互参观、体育比赛等友好交流活动，并对公众开放，让国际社会再次见证了中国高举和平、发展、合作、共赢的旗帜，与各国携手并肩，在构建人类命运共同体的大道上阔步前行的坚定步伐。

从"大写意"到"工笔画",从落地生根到持久发展,10年来,共建"一带一路"朋友圈越来越大。通过高质量共建"一带一路"合作平台,中国式现代化不断造福沿线国家,为各国实现现代化注入新的希望。在蒙巴萨油码头竣工仪式上,肯尼亚前总统肯雅塔称赞:"中国以实际行动帮助我们推进经济社会发展议程。"在柬埔寨31号和33号公路升级改造项目开工仪式上,柬埔寨首相洪森感叹:"如果没有中国朋友帮助,柬埔寨的基建很难发展起来。"在匈塞铁路塞尔维亚贝尔格莱德—诺维萨德段通车仪式上,匈牙利总理欧尔班坦言:"与中国合作、建立经济联系是明智的决定。"

在推进中国式现代化的过程中,中国坚定奉行独立自主的和平外交政策,坚持真正的多边主义,在和平共处五项原则基础上同各国发展友好合作,维护国际关系基本准则,维护国际公平正义,促进世界共同发展,始终做世界和平的建设者、全球发展的贡献者、国际秩序的维护者。"中国坚持走和平发展道路,不仅为自身的现代化建设营造了良好的国际环境,也对人类社会的发展进步产生了重大影响。"古巴国际政治研究中心中国问题专家爱德华多·雷加拉多表示。

面对持续加重的全球和平赤字、发展赤字、安全赤字、治理赤字,习近平主席提出全球发展倡议、全球安全倡议、全球文明倡议,为推动全球迈向平衡协调包容发展新阶段、迈向持久和平普遍安全的康庄大道贡献中国方案,充分彰显走和平发展道路是中国式现代化的重要特征。2月21日,中方正式发布《全球安全倡议概念文件》,阐释全球安全倡议的核心理念与原则,明确重点合作方向和平台机制，进一步展现了中国维护世界和平的责任担当、守护全球安全的坚定决心。中方相继发布《关于政治解决乌克兰危机的中国立场》《关于阿富汗问题的中国立场》文件，坚持只有基于道义和正确理念的安全，才是基础牢固、真正持久的安全。"全球安全倡议体现了中国一贯秉持的共商共建共享的全球治理观，极大地完善全球安全治理体系，有利于促进世界和平稳定，推动各国合作与发展。"泰国前副总理素拉杰·沙田泰如是说。

"为应对全球重要挑战贡献智慧和解决方案"

一个和平发展的世界应该承载不同形态的文明，必须兼容走向现代化的多样道路。中国认为，一国的成功并不意味着另一国必然失败，这个世界完全容得下各国共同成长和进步。我们要坚持对话而不对抗、包容而不排他，构建相互尊重、公平正义、合作共赢的新型国际关系，扩大利益汇合点，画出最大同心圆。

"我们将以中国式现代化推动人类整体进步，以中国新发展为世界带来新机遇，为动荡的世界提供更多稳定性和确定性。"习近平主席发出的中国之声，重若万钧，引人深思。

在国际观察人士的眼中，从共享发展机遇到分享发展经验，中国式现代化探寻出一条更加公平的发展道路，中国的发展经验对世界特别是新兴市场国家和发展中国家持续产生深远影响。"在人类历史上，还没有哪个国家能像中国一样，在这么短的时间取得如此巨大的经济成就和社会进步。"波兰前副总理、著名经济学家格热戈日·科沃德科的感叹，道出了国际观察人士的心声。中国式现代化为人类实现现代化提供新选择的同时，也为更多国家应对层出不穷的全球挑战提供了新思路。瑞士智库管理发展研究所近期撰文表示，技术进步和世纪疫情加剧了贫富差距，凸显了在全球范围内促进包容和共同富裕的迫切需要，"中国实践将为应对全球重要挑战贡献智慧和解决方案"。

在全球性挑战面前，中国始终以人类前途命运为重，充分彰显负责任大国担当——累计派出5万多人次参加联合国维和行动，成为联合国第二大会费国和维和摊款国；累计向76个国家和地区派遣医疗队员3万人次，诊治患者2.9亿人次；向120多个国家和国际组织供应超过22亿剂新冠疫苗，向153个国家和15个国际组织提供数千亿件抗疫物资……曾走访中国多地、长期观察中国的法国国际问题专家布鲁诺·吉格认为，中国是一个和平发展的大国，"如果所有大国都能像中国一样，世界将更和平。"

在全球性挑战面前，中国始终做全球发展的"稳定器"，不断以中国新发展为世界提供新机遇——"在这个地球上，平均每分钟有价值7300多万元人民币的货物在中国和世界其他国家之间吞吐；平均每天有40多列火车在中国与欧洲国家的约200个城市间穿梭；从门类齐全的'世界工厂'到商机无限的'世界市场'，中国式现代化发展惠及全球。"法国《欧洲时报》用一个个惊人的数字勾勒出中国与世界的密不可分。

过去10年对世界经济增长的平均贡献率超过30%；对全球减贫贡献率超过70%；构建并不断扩大面向全球的高标准自由贸易区网

络，成为 140 多个国家和地区的主要贸易伙伴；首创中国国际进口博览会，坚定不移全面扩大开放，更有效率地实现内外市场联通、要素资源共享，让中国市场成为世界的市场、共享的市场、大家的市场……中国式现代化不仅造福中国，也为世界提供更多机遇，为国际合作注入更强动力，为世界稳定繁荣作出更多贡献。

人类生活在同一个地球，各国共处一个世界。和平、发展、合作、共赢已成为时代潮流，人类越来越成为你中有我、我中有你的命运共同体。无论世界怎样动荡变革，推动构建人类命运共同体是中国式现代化的本质要求。全球化概念首倡者之一、英国社会科学院院士马丁·阿尔布劳认为，在当今世界出现分裂趋势、经济全球化遭遇逆风时，中国以自身发展，向世界传递了难能可贵的"稳定性、可预见性和可靠性"。

展望未来，世界有理由相信，中国共产党团结带领中国人民以中国式现代化全面推进中华民族伟大复兴，必将为构建人类命运共同体注入不竭动力，为时代潮流引领航向，为全人类进步作出更大贡献。

《人民日报》（2023 年 5 月 8 日第 3 版）

让现代化建设成果更多更公平惠及全体人民

颜 欢 马 菲

现代化的本质是人的现代化。实现现代化是近代以来中国人民矢志奋斗的梦想。中国共产党根基在人民、血脉在人民、力量在人民。中国式现代化以实现人自由而全面的发展为最终目标，追求人民至上的价值导向，让现代化更好回应人民各方面诉求和多层次需要，让现代化建设成果更多更公平惠及全体人民。

"彰显了中国共产党始终坚持人民至上的价值追求"

现代化是一个包含价值指向的历史过程，具有鲜明的价值观取向，即为了谁而发展、为什么搞现代化。相信谁、为了谁、依靠谁，是否始终站在最广大人民的立场上，是衡量一种思想理论先进性的根本尺度。中国式现代化与西方现代化在价值观层面的根本区别，集中表现为以人民为中心还是以资本为中心。

中国共产党 100 多年团结带领中国人民追求民族复兴的历史，也是一部不断探索现代化道路的历史。中国式现代化始终把人民立场作为根本价值立场，把人民利益摆在至高无上的地位，体现了习近平新时代中国特色社会主义思想的价值底色，更在实践中赋予了"人民是历史的创造者"的时代内涵。

2019 年 3 月，习近平主席在罗马会见时任意大利众议长菲科时的一番肺腑之言，感人至深："这么大一个国家，责任非常重、工作非常艰巨。我将无我，不负人民。我愿意做到一个'无我'的状态，为中国的发展奉献自己。"秘鲁共产党（红色祖国）主席莫雷诺对"我将无我，不负人民"这句话深有感触："坚持人民至上，保持同人民群众的血肉联系，就有了取之不尽、用之不竭的力量。"

恢宏厚重的中共二十大报告，"人民"二字贯穿始终、分量最重。中国共产党领导人民打江山、守江山，守的是人民的心。强调坚持以人民为中心的发展思想，不断实现发展为了人民、发展依靠人民、发展成果由人民共享，让现代化建设成果更多更公平惠及全体人民，这是中国式现代化最本质的追求。俄罗斯国家杜马第一副主席伊万·梅利尼科夫认为，中国依据本国国情并保持与时俱进，"中国共产党始终把为人民谋幸福、为民族谋复兴作为初心使命，在制定政策时首先考虑是否有利于人民"。

2020 年岁末，占世界 1/5 人口的中国发出"如期完成新时代脱贫攻坚目标任务"的重大宣告，让疫情笼罩下的世界倍感振奋和鼓舞。中国作为全球最大的发展中国家，创造了人类减贫史上的奇迹：改革开放40多年来，7.7亿农村贫困人口摆脱贫困。按照世界银行国际贫困标准，中国减贫人口占同期全球减贫人口70%以上，提前10年实现联合国2030年可持续发展议程减贫目标。联合国秘书长古特雷斯称中国减贫是"最美好的故事"，中国减贫的非凡成就为国际社会带来了希望，提供了激励。日本前首相鸠山由纪夫表示，中国取得的脱贫成就对全球有示范作用，对世界人民是一个巨大鼓舞。

多年来一直关注中国脱贫的乌拉圭广泛阵线主席哈维尔·米兰达，看到怒江边的白族夫妻通过参加扶贫项目住进了新房，办起了民宿，生活越来越好，当地很多扶贫规划变为现实，当年的贫困户生活进一步改善。他说："中国共产党的扶贫决心和强大执行力，令我钦佩。中国减贫理念和实践创新对乌拉圭很有启发，也为其他国家解决贫困问题提供了宝贵经验。"

生命重于泰山，人民利益高于一切。新冠疫情发生后，病毒频繁变异，形势不断演变。人民至上、生命至上，始终是中国抗疫斗争最鲜明的底色、最真实的写照。从出生仅30多个小时的婴儿到100多岁的老人，每一个生命都得到全力护佑，人的生命、人的价值、人的尊严得到悉心呵护。中国因时因势优化调整防控措施，统筹疫情防控和经济社会发展取得重大积极成果。

尼日利亚阿布贾大学教授巴尔斯·奥什奥涅波认为，从先后制定九版防控方案和诊疗方案，到及时出台二十条优化措施和新十条措施，再到平稳有序推进实施"乙类乙管"，中国作出科学精准的决策部署，"彰显了中国共产党始终坚持人民至上的价值追求"。

"有着完善的社会制度并能坚定捍卫国家利益"

中国式现代化的目标是到 21 世纪中叶，把中国建成富强民主文明和谐美丽的社会主义现代化强国。中国式现代化本质要求的规定，既对应社会主义现代化强国的目标，也体现了社会主义核心价值观国家层面的价值目标。

在今天的中国，社会主义核心价值观已内化为人们的精神追求，外化为人们的自觉行动。中国精神、中国价值、中国力量也深深感染着访问过这片土地的外国友人。

来自克罗地亚的帕维·莫西拉克在兰州大学工作。"我接触到的中国民众都对未来充满希望，这种自信不仅来自腾飞的经济，还因为中国有着完善的社会制度并能坚定捍卫国家利益。"

英国国家学术院院士、剑桥大学社会人类学教授艾伦·麦克法兰曾 10 余次到访中国，中国人民在抗击疫情过程中展现出坚如磐石的意志令其感佩。"在这样一个艰难时期，我看到了中国人民团结合作、友爱奉献和血浓于水的情谊。世界上其他国家很少有能像中国这样，汇聚亿万民心与民力共同抗击疫情。在危难时刻，中国人民总能团结一心。"

英国巴斯市副市长余德烁曾经在湖南省茶陵县下东乡长乐村调研，感受到中国人民充分参与治理实践的意义。"中国全过程人民民主践行以人民为中心的发展思想，真正把人民当家作主体现到人民对自身利益的实现和发展上。"他说，人民通过选举、投票行使权利，选出代表自己意愿的人来掌握并行使权力，是人民实现当家作主的重要体现，"这样的民主是真正的民主"。

西班牙中国政策观察网名誉顾问胡里奥·里奥斯观察到中国正继续巩固脱贫攻坚成果，全面推进乡村振兴。他表示，中国全面建成了小康社会，正向着第二个百年奋斗目标阔步前进。中国全面推进乡村振兴，最终受益的是广大农民。"中国始终坚持以人民为中心的发展思想，努力确保农业农村发展成果造福农民。"

"推动形成共建美好世界的最大公约数"

中国式现代化是为中国人民谋幸福、为中华民族谋复兴的现代化，也是为人类谋进步、为世界谋大同的现代化。中国式现代化的价值观摒弃对外军事扩张、殖民掠夺和意识形态输出的做法，倡导弘扬和平、发展、公平、正义、民主、自由的全人类共同价值，推动构建人类命运共同体，为推进世界现代化进程提供了共同价值纽带、指引了正确价值方向。

在布隆迪布班扎省，中国农业专家组在当地4村成功实施杂交水稻减贫示范村项目，帮助全村居民摆脱绝对贫困。"中国专家的足迹遍及布全国各地，并依托中国援布农业技术示范中心进行杂交水稻、玉米等良种培育试验，有效提高布农作物产量，促进农产品出口。"布隆迪环境、农牧业部长鲁雷马说。

在智利蓬塔谢拉，来自中国的32台白色风力发电机叶片随风转动，产生的电力可满足 13 万户家庭的用电需求，每年减少 15.7 万吨碳排放。巴西淡水河谷公司全球副总裁路易斯·爱德华多说："中国投资助力建设的清洁能源和基础设施项目，改善了拉美国家人民的生活条件。这些令人瞩目的成就，标志着拉中关系进入平等、互利、创新、开放、惠民的新时代。"

在柬埔寨首都金边以南约 60 公里的茶胶省巴提县达弄村，规整的高棉风格吊脚楼、平坦宽阔的乡村公路、整齐排列的太阳能发电板、崭新的清洁水生产站……这个村子是中柬友好扶贫示范村项目所在地。柬埔寨首相洪森表示，是中国让柬埔寨老百姓有路可走、有桥可过，柬中共建"一带一路"展现了柬中全面战略合作伙伴关系和柬中命运共同体建设的成就，表明柬中两国是真正的"铁杆兄弟"。

全人类共同价值的提出，给处于复杂而深刻变革之中的世界带来全新的发展思路与视野，引发许多国家的热切关注与深入思考，显示出强大的思想感召力和国际影响力。

西班牙共产党主席何塞·路易斯·森特利亚表示："中国共产党倡导的价值观是和谐合作、互相尊重，反对对抗、封闭、零和博弈，推动形成共建美好世界的最大公约数。这是中国式现代化的经验，也向全世界表明，在新型国际关系中，所有国家都能够实现共赢。"

英国牛津大学中国中心主任拉纳·米特表示，中国在推进中国式现代化的同时，也帮助改善了世界许多国家特别是发展中国家的经济发展状况。中国携手各方高质量共建"一带一路"，带来了更广阔的合作前景，为全球发展增添了活力。

当前，各国人民对美好生活的向往更加强烈，全球治理和人类社会发展比以往任何时候都更需要全人类共同价值的引领。面对一个矛盾重重、纷争不断的世界，全人类共同价值勾画出超越差异分歧的价值同心圆，凸显出各国人民企盼美好生活的最大公约数，为人类走向现代化开辟新道路，为建设一个更加美好的世界提供正确理念指引。

《人民日报》（2023 年 5 月 11 日第 3 版）

为推进世界现代化进程贡献中国智慧

龚　鸣　黄炜鑫

中国式现代化之于中国，是中国共产党和中国人民长期实践探索的成果，是一项伟大而艰巨的事业；之于人类现代化进程，为广大发展中国家独立自主迈向现代化树立了典范，提供了全新选择；之于人类文明，展现了不同于西方现代化模式的新图景，是一种全新的人类文明形态。

正确把握和理解中国式现代化蕴含的历史观，看清楚过去为什么能够成功、弄明白未来怎样才能继续成功，才能在新的征程上坚定不移走好中国式现代化道路，为推进世界现代化进程贡献更多中国智慧、中国方案。

中国赋予现代化新的内涵和意义

辛勤耕耘，广袤田野生机勃勃；逐梦寰宇，科技创新大潮澎湃；旅游升温，消费回暖，经济社会活力尽显……从深厚历史底蕴中走来，行走在中国式现代化道路上的中国，涌动着蓬勃向上的发展活力，汇聚着勇毅前行的精神动力。

历史以醒目的刻度标记着中国发展的脚步，积淀下中国式现代化的丰富内涵。在漫长的历史进程中，中华民族以自强不息的决心和意志，筚路蓝缕，跋山涉水，走过了不同于世界其他文明体的发展历程。

现代化，是近代以来中华民族孜孜以求的梦想。无数仁人志士苦苦求索、进行各种尝试，但都以失败告终。探索中国现代化道路的重任，历史地落在了中国共产党身上。

新民主主义革命时期，为实现现代化创造根本社会条件；社会主义革命和建设时期，为现代化建设奠定根本政治前提和宝贵经验、理论准备、物质基础；改革开放和社会主义建设新时期，为中国式现代化提供了充满新的活力的体制保证和快速发展的物质条件。党的十八大以来，创立了习近平新时代中国特色社会主义思想，为中国式现代化提供了根本遵循；深入实施科教兴国战略、人才强国战略、乡村振兴战略等一系列重大战略，为中国式现代化提供坚实战略支撑；推进一系列变革性实践、实现一系列突破性进展、取得一系列标志性成果，为中国式现代化提供了更为完善的制度保证、更为坚实的物质基础、更为主动的精神力量。

新中国成立特别是改革开放以来，中国用几十年时间走完西方发达国家几百年走过的工业化历程，创造了经济快速发展和社会长期稳定的奇迹，成功走出了中国式现代化道路，为中华民族伟大复兴开辟了广阔前景。从"四个现代化"目标到"三步走"战略，从全面建成小康社会到建设社会主义现代化强国，中国式现代化的探索和实践不断深化。

古巴国际政治研究中心中国问题专家爱德华多·雷加拉多认为，自1921年成立之日起，中国共产党就不懈探索中国现代化道路，推进中国现代化事业，取得了举世瞩目的成就。

"中国式现代化的实现非一日之功。"加纳中国友好协会秘书长本杰明·阿那格雷说，中国共产党带领中国人民不懈努力，在中国式现代化的道路上不断奋进。

新中国成立初期，中国一穷二白，连日用的煤油、火柴、铁钉都称为洋油、洋火、洋钉。新时代的中国，建成门类齐全的现代工业体系，成功进入创新型国家行列，成为国际舆论热议的"新兴技术应用热土""全球重要创新高地"。

改革开放初期，美国《时代》周刊在介绍中国时，不无疑惑地写道：让全球1/4的人口迅速摆脱孤立、与世界接轨，有过这样的先例吗？新时代的中国，成为140多个国家和地区的主要贸易伙伴，中欧班列通达欧洲25个国家的200多个城市，共建"一带一路"倡议、全球发展倡议、全球安全倡议、全球文明倡议等惠及世界。

"中国式现代化向世界展示了发展中国家独立自主探索现代化、实现快速发展的可能性。"俄罗斯科学院中国与现代亚洲研究所政治研究与预测中心主任安德烈·维纳格拉多夫说。

透过世界现代化进程的长镜头，更能看到中国式现代化道路的独特非凡。

现代化始于西方，一度被等同于西方化。历史上，很多发展中国家在寻找自身发展道路时，因复制西方现代化路径而陷入发展困境。

中国式现代化不走封闭僵化的老路，不走改旗易帜的邪路，更不走照搬照抄全盘西化的死路。英国政治评论员卡洛斯·马丁内斯说，中国正开展和平、可持续、公正的现代化，这是对人类集体认识的宝贵贡献。中国式现代化"向世界展示了通向现代化的道路不止一条"。

塞尔维亚前总统鲍里斯·塔迪奇认为，21 世纪的西方社会面临多重挑战，这充分说明现代化不等于西方化，中国赋予了现代化新的内涵和意义。

走适合自己特点的发展道路

历史是最好的老师，它忠实记录下每一个国家走过的足迹，也给每一个国家未来的发展提供启示。

中国共产党坚定历史自信、增强历史主动，不断创造新的历史伟业：如期打赢脱贫攻坚战，全面建成小康社会，实现第一个百年奋斗目标，意气风发踏上了全面建设社会主义现代化国家新征程。

这是一条基于中国国情、具有中国特色的现代化道路。

引领一个拥有 14 亿多人口的大国整体迈入现代化，世界上并无先例。坚持把马克思主义基本原理同中国具体实际相结合、同中华优秀传统文化相结合，推动物质文明、政治文明、精神文明、社会文明、生态文明协调发展，中国创造了中国式现代化新道路，创造了人类文明新形态。

独特的文化传统，独特的历史命运，独特的国情，注定了中国必然走适合自己特点的发展道路。中国走出了这样一条道路，并且取得了成功。多次到访中国的约旦作家萨米尔·艾哈迈德由衷感叹："中国式现代化充分考虑了自身国情和发展经验，没有照搬西方的现代化道路，在实践中不断丰富、发展。"

英国中国问题专家马丁·雅克认为，中国有自己独特的文化传统、人口规模、社会制度等，不可能复制西方的现代化道路。中国取得巨大的发展成就，对于应该追求什么样的现代化、怎样实现现代化，形成了更加成熟的理论。

这是一条中国共产党领导的现代化道路。

"遇到的困难很多，有的困难是空前的，但是我们做到了。"豪迈从容的宣示，展现从历史深处走来的深沉自信。不管形势和任务如何变化，不管遇到什么样的惊涛骇浪，中国共产党始终掌握历史主动、锚定奋斗目标，沿着正确方向坚定前行。中国共产党人和中国人民完全有信心为人类对更好社会制度的探索提供中国方案。

20世纪80年代末、90年代初，国际社会主义运动一度遭遇挫折，"历史终结论""社会主义失败论"等甚嚣尘上。坚持中国共产党的领导、坚定不移走中国特色社会主义道路，中国取得了改革开放和社会主义现代化建设的伟大胜利，开创了中国特色社会主义新时代。

曾提出"历史终结论"的美国学者福山修正了自己的观点："'中国模式'的有效性证明，西方自由民主并非人类历史进化的终点。"

欧洲《现代外交》网站刊文指出，中国共产党和中国在坚持改革开放的同时，继续探索中国特色社会主义道路，"中国式现代化呈现出更加自信的形象"。

这是一条以人民为中心的现代化道路。

现代化不仅要看纸面上的指标数据，更要看人民的幸福安康。中国共产党一经诞生，就把为中国人民谋幸福、为中华民族谋复兴确立为自己的初心使命。

四川大凉山，绝壁之上的"悬崖村"的村民摆脱贫困，开启新生活；深圳街头，1200 多座公园让市民推窗见绿、开门见园；江苏无锡，老年人可以足不出户享受在家治疗、医保报销等医疗服务……中国人民获得感、幸福感、安全感更加充实、更有保障、更可持续。

在泰国泰中文化经济协会会长、前国会主席颇钦·蓬拉军看来，中国式现代化是前所未有的伟大发展模式，致力于让所有人都过上好日子。巴西《论坛》杂志专栏作家亚拉·维达尔撰文说，中国式现代化遵循以人民为中心的发展思想，以确保发展成果更公平地惠及全体民众。

以世界眼光关注人类前途命运

"人类发展史上的一大创举""对人类进步事业的巨大贡献"……从人类发展的时间纵深，到全球发展的空间广度，国际社会高度赞许中国式现代化的世界意义。

中国共产党不仅为中国人民谋幸福、为中华民族谋复兴，也为人类谋进步、为世界谋大同，为解决人类面临的共同问题、推动建设更加美好的世界作出贡献。

回顾来时路，中国式现代化以堪称"奇迹"的成果，为世界发展贡献力量。

38.6%——这是 2013 年至 2021 年中国对世界经济增长的平均贡献率，位居世界首位，超过七国集团国家贡献率的总和。

70% 以上——这是改革开放以来中国减贫人口占同期全球减贫人口的比重。中国全面消除绝对贫困，提前 10 年完成联合国 2030 年可持续发展议程确定的减贫目标。

247.1%——这是 1990—2016 年间中国对世界森林碳汇能力的实际贡献率。21 世纪以来，全球新增绿化面积约 1/4 来自中国。中国水电、风电、太阳能发电、生物质发电装机容量均居世界第一。

"中国式现代化的成果为世界所共享，为世界和平以及更好、更均衡的发展作出了重要贡献。"玻利维亚前总统莫拉莱斯强调。

迄今为止，完成工业化的发达国家和地区的人口总数不到 10 亿，大多数发展中国家仍未能跨过现代化门槛。中国 14 亿多人口实现现代化将是人类发展史上前所未有的大事。

菲律宾《马尼拉公报》新闻主编伊莎贝尔·德莱昂表示，中国走出了一条符合本国国情的发展道路。作为世界第二大经济体，中国持续推动高质量发展，有助于拉动区域经济增长，为世界经济的繁荣发展注入强劲动力。

巴基斯坦《外交洞察》杂志网站说，中国式现代化道路独一无二，为人类提供了可供借鉴的另一条路径。面对全球性挑战，中国式现代化贡献了宝贵的中国方案、中国力量。

放眼未来之路，中国式现代化以胸怀天下之姿，为全球发展繁荣增添动力。

在 1998 年出版的《现代世界体系》第一卷中文版序言中，美国社会学家伊曼纽尔·沃勒斯坦曾预测性地写道：中国人民将会在决定人类共同命运的历史进程中起重大作用。

如今，中国推动高质量共建"一带一路"，打造广受欢迎的全球公共产品和国际合作平台；发起全球发展倡议，得到 100 多个国家和包括联合国在内的多个国际组织支持；推进落实全球安全倡议，发布《全球安全倡议概念文件》，为促进人类共同安全提供中国方案；提出全球文明倡议，为推动人类现代化进程、构建人类命运共同体注入强大正能量……

法国席勒研究所研究员、国际问题专家佩里莫尼表示："中国的发展理念中非常重要的一点，是与世界各国实现互利共赢，携手构建人类命运共同体。"

世界百年未有之大变局加速演进，世界进入新的动荡变革期。中国承诺："我们将始终把自身命运同各国人民的命运紧紧联系在一起，努力以中国式现代化新成就为世界发展提供新机遇，为人类对现代化道路的探索提供新助力，为人类社会现代化理论和实践创新作出新贡献。"

只有与历史同步伐、与时代共命运的人，才能赢得光明的未来。

新征程上，中国共产党将始终以世界眼光关注人类前途命运，从人类发展大潮流、世界变化大格局、中国发展大历史正确认识和处理同外部世界的关系，坚定站在历史正确的一边，站在人类文明进步的一边，共同推动历史车轮向着光明的前途前进。

《人民日报》（2023 年 5 月 25 日第 3 版）

代表人类文明进步的发展方向

俞懿春　赵益普　邢　雪

在追求现代化的艰苦卓绝奋斗中，中国共产党领导中国人民不仅创造了世所罕见的经济快速发展和社会长期稳定两大奇迹，而且成功走出了中国式现代化道路，创造了人类文明新形态。实践充分表明，中国式现代化扎根中国大地，既切合中国实际，体现社会主义建设规律，也体现人类社会发展规律，为人类实现现代化提供了新的选择。中国式现代化道路越走越宽广，必将推动世界文明朝着平衡、积极、向善的方向发展。

体现科学社会主义的先进本质

今年 2 月 7 日，在学习贯彻党的二十大精神研讨班开班式上，习近平总书记从人类文明的高度和广度对中国式现代化作出全面深刻阐释——

"中国式现代化，深深植根于中华优秀传统文化，体现科学社会主义的先进本质，借鉴吸收一切人类优秀文明成果，代表人类文明进步的发展方向，展现了不同于西方现代化模式的新图景，是一种全新的人类文明形态。"

中国式现代化植根于中华民族 5000 多年文明历史所孕育的中华优秀传统文化。从"民惟邦本，本固邦宁"到"治国之道，富民为始"，从"仓廪实而知礼节，衣食足而知荣辱"到"天地与我并生，而万物与我为一"，从"物之不齐，物之情也"到"亲仁善邻，国之宝也"……这些流淌在中国人血脉之中的文化基因，奠定了中国式现代化、人类文明新形态的精神之基。

"玄奘满载佛经、典籍、雕像等的背包，是从一个文明带到另一个文明的最珍贵的物品之一。"英国历史学家、纪录片《中国改革开放的故事》主持人兼撰稿人迈克尔·伍德在书中这样写道。从中国汉代使者张骞出使西域，架起东西方文明交流的桥梁，到中国航海家郑和七下西洋，一路播撒和平友谊的种子，几千年来，"和合"融入中华民族的血脉中，刻进中国人民的基因里。

"它因为中国的起源而独特，因为中国的规模而独特，因为中国的历史和文化而独特。它体现了社会主义的传统，遵循马克思主义的方式。"在英国知名学者、中国问题专家马丁·雅克眼中，中国式现代化"独一无二"。

中国式现代化的"独一无二"，在于它体现了科学社会主义的先进本质，展现了不同于西方现代化模式的新图景。摒弃了西方以资本为中心的现代化、两极分化的现代化、物质主义膨胀的现代化、对外扩张掠夺的现代化老路，中国式现代化是人口规模巨大的现代化、全体人民共同富裕的现代化、物质文明和精神文明相协调的现代化、人与自然和谐共生的现代化、走和平发展道路的现代化。

希腊前总理乔治·帕潘德里欧认为，在中国，"君子和而不同"等观点表明，寻求在和谐中为实现共同目标而携手努力的观念早已深深植根于中华文明之中。"我非常赞赏构建人类命运共同体理念以及中国为此付出的不懈努力。"

在柬埔寨人民党中央外委会第一副主席索斯亚拉看来，中国式现代化开创了一条属于中国自己的发展道路，这条道路根植于中国国情和传统文化，也体现了科学社会主义的本质。"在中国共产党的领导下，中国式现代化必将在已经取得辉煌成就的基础上，继续向前推进，并为人类文明进步作出更大贡献。"

鼓舞发展中国家独立自主迈向现代化

"为什么中国式现代化对巴西如此重要？因为中国的成功经验对巴西来说可资借鉴。"巴西总统府机构关系部国务秘书佩雷拉总结说。不久前，一场题为"中国式现代化与世界新机遇"的研讨会在巴西举行，来自巴西政府部门、核心智库、主流媒体的代表参会，共同探讨中国式现代化的路径与经验。

当今世界正面临百年未有之大变局，化解人类面临的突出矛盾和问题，需要依靠物质的手段攻坚克难，也需要依靠精神的力量诚意正心。各种文明是各民族历史探索和开拓的丰厚积累，也是今天各民族生存和发展的深层指引。"中国式现代化"成为吸引世界目光的关键词。国际社会普遍关切：当人类再次站在时代的十字路口，中国式现代化对世界来说究竟意味着什么？

"我国不走一些国家通过战争、殖民、掠夺等方式实现现代化的老路，那种损人利己、充满血腥罪恶的老路给广大发展中国家人民带来深重苦难。"党的二十大报告庄严宣告，我们坚定站在历史正确的一边、站在人类文明进步的一边，高举和平、发展、合作、共赢旗帜，在坚定维护世界和平与发展中谋求自身发展，又以自身发展更好维护世界和平与发展。

新中国成立特别是改革开放以来，中国用几十年时间走完西方发达国家几百年走过的工业化历程，创造了经济快速发展和社会长期稳定两大奇迹。这充分表明：通往现代化的道路不止一条，现代化的图景不止一幅，各国完全可以走出自己的道路来。菲律宾金砖国家政策研究会创始人赫尔曼·劳雷尔称赞，中国式现代化打破了西方"历史终结论""文明冲突论"等观点，为解释不同国家间现代化的差异性提供了一个多元文明的视野。

柬埔寨柬中关系发展学会会长谢莫尼勒表示："中国式现代化摒弃了西方国家实现现代化的老路，以勇气和智慧破解了人类社会发展的诸多难题。对于柬埔寨等广大发展中国家而言，中国式现代化更具借鉴意义。"

人类追求现代化的历史，是一部不同文明在交流互鉴中推陈出新的历史。中国式现代化打破了"现代化＝西方化"的迷思，承载着创造人类文明新形态的庄严责任。中国式现代化为发展中国家独立自主迈向现代化树立了典范，为其提供了全新选择。

在尼泊尔共产党（马列）总书记迈纳利看来，在人类追寻现代化、延续灿烂文明的道路上，中国式现代化创造了一种"全新的、独树一帜的、具有启迪性的"文明形态。

中国始终把自身命运同各国人民的命运紧紧联系在一起，努力以中国式现代化新成就为世界发展提供新机遇，为人类对现代化道路的探索提供新助力。长期研究中国文明的英国剑桥大学社会人类学系教授艾伦·麦克法兰认为，中国经历了世界文明历史上最为伟大的转型，提出共建"一带一路"倡议是中国为全世界作出的一项巨大贡献。

巴基斯坦瓜达尔港从一个小渔村变成了地区物流枢纽和产业基地，连接埃塞俄比亚和吉布提的亚吉铁路成为东非地区的交通大动脉，中老铁路助力老挝从"陆锁国"迈向"陆联国"……共建"一带一路"倡议提出 10 年来，一步步走深走实，取得累累硕果。印度尼西亚国际战略研究中心中国研究中心主任维罗妮卡表示，共建"一带一路"有力推动了沿线国家现代化建设，"中国式现代化的成功实践，鼓舞了广大发展中国家独立自主迈向现代化"。

不断拓展中国式现代化的广度和深度

在各国前途命运紧密相连的今天，不同文明包容共存、交流互鉴，在推动人类社会现代化进程、繁荣世界文明百花园中具有不可替代的作用。历史充分证明，只要坚持兼容并蓄、开放包容，人类文明就能不断发展繁荣。

"共同倡导尊重世界文明多样性""共同倡导弘扬全人类共同价值""共同倡导重视文明传承和创新""共同倡导加强国际人文交流合作"——今年3月，在中国共产党与世界政党高层对话会上，中国首次提出全球文明倡议，为推动文明交流互鉴、促进人类文明进步贡献中国方案。

"通过文明之间的包容互鉴，世界可以找到和平发展之路，避免国际格局走向对立对抗。"法国中国问题专家、作家莱娅·贝西说，不同文化之间的相互理解十分必要，各国之间需要坦诚和交流。

意大利新丝路促进会会长弗朗切斯科·马林焦表示，在尊重世界文明多样性和平等的前提下，中国倡导和而不同、美美与共的交流方式。文明的价值通过现代化而彰显，现代化则通过文明的传承而更显厚重。这一倡议为推动人类现代化进程、构建人类命运共同体注入强大正能量。

多年来，中国一直帮助巴基斯坦培训专业人才、分享文化遗产保护经验，向巴基斯坦文保人士提供赴华参展机会，帮助巴方将其文化遗产展示给世界民众。"数千年来，世界不同地区、不同文明孕育了不同的文化和艺术等，形成了世界文明的多样性。"巴基斯坦国家遗产与文化部考古与博物馆司副主任纳西尔·汗表示，习近平主席提出的全球文明倡议和关于"构建全球文明对话合作网络"的主张正是尊重文明多样性的充分体现，为世界人民开展交流与合作注入力量。

以文明交流超越文明隔阂，以文明互鉴超越文明冲突，以文明共存超越文明优越，中国式现代化弘扬平等、互鉴、对话、包容的文明观，指明不同文明的正确相处之道，充分彰显了中国共产党作为世界最大马克思主义执政党的格局与担当。

发布《全球安全倡议概念文件》以及《关于政治解决乌克兰危机的中国立场》文件、《关于阿富汗问题的中国立场》文件；开展斡旋外交，为推动伊朗核、朝鲜半岛、叙利亚、巴勒斯坦等热点问题的政治解决不懈努力；沙特和伊朗在北京对话取得重大成果，两国宣布恢复外交关系，为地区国家通过对话协商化解矛盾分歧、实现睦邻友好树立了典范……

西班牙共产党主席何塞·路易斯·森特利亚评价："中国主张平等、互鉴、对话、包容的文明观，始终是文明交流互鉴的倡导者、实践者。"巴基斯坦参议院国防委员会主席穆沙希德·侯赛因表示，中国的努力对于促进世界和平与发展，创造具有包容性的人类文明新形态发挥了建设性作用。

知古鉴今，继往开来。组织亚洲文明对话大会、中国共产党与世界政党高层对话会、中法文明对话会、文明古国论坛等，为促进各国文明交流、共同发展搭建新平台；推进高质量共建"一带一路"，让造福世界的"发展带"更加繁荣、惠及人类的"幸福路"更加宽广；举办进博会、广交会、服贸会、消博会等国际经贸盛会，不断共享中国发展新机遇……中国式现代化在与世界其他文明的交流中推进和拓展，并以平等交流互鉴的方式丰富人类文明，促进人类文明的整体进步。

巴西《论坛杂志》网站刊文指出，中国式现代化是寻求一条合作共赢的道路。中国从来没有搞过扩张主义和资源掠夺，而是在发展过程中主动对外开放，与其他国家开展合作。这些国家也从中国式现代化中受益。柬埔寨贝尔泰国际大学资深教授约瑟夫·马修斯认为，中国倡导互联互通、包容性发展和推动构建人类命运共同体，中国式现代化为促进地区增长和稳定作出了重要贡献。

善学者尽其理，善行者究其难。新征程上，中国高举和平、发展、合作、共赢的旗帜，坚持弘扬平等、互鉴、对话、包容的文明观，弘扬全人类共同价值，在坚定维护世界和平与发展中谋求自身发展，又以自身发展更好维护世界和平与发展，推动中国式现代化道路取得新进展新突破，为促进人类文明进步作出新的更大贡献。

《人民日报》（2023 年 5 月 28 日第 3 版）

为人类政治文明进步贡献
更多中国智慧

曲　颂　杨　迅

　　民主是全人类的共同价值，是中国共产党和中国人民始终不渝坚持的重要理念。中共二十大报告将发展全过程人民民主作为中国式现代化的本质要求之一，深刻揭示了发展全过程人民民主在全面建设社会主义现代化国家新征程上的重大意义。中国式现代化蕴含全新的民主观，丰富了实现民主价值的理论和实践，为推动人类政治文明进步作出重要贡献。

全过程人民民主是最广泛的民主

　　民主是人类社会历经千百年探索形成的政治形态，在人类发展进程中发挥了重要作用。民主是历史的、具体的、发展的，世界上没有定于一尊的民主形式。评判一种民主形式，关键要看它是否适应本国历史文化，是否符合本国现实国情，能否带来政治稳定、社会进步、民生改善，能否得到人民的支持和拥护，能否为人类进步事业作出贡献。

2019 年 11 月，习近平总书记在上海考察时首次提出"人民民主是一种全过程的民主"的重要论述，深刻阐明了中国社会主义民主的特质和优势。在庆祝中国共产党成立 100 周年大会上，习近平总书记进一步强调，"践行以人民为中心的发展思想，发展全过程人民民主"。中共十九届六中全会通过的历史决议，把"发展全过程人民民主"作为习近平新时代中国特色社会主义思想的重要内容纳入"十个明确"之中。中共二十大报告明确将"发展全过程人民民主"写入中国式现代化的本质要求，并进一步提出，到 2035 年"全过程人民民主制度更加健全"。今年中国全国两会期间，"坚持和发展全过程人民民主"被写入《中华人民共和国立法法》。

肯尼亚广播公司编辑埃里克·比贡注意到，在中国全国两会的代表委员中，有快递员、农民、教师、医生、记者等来自各个行业的劳动者，"在其他很多国家，有些行业的人士很难得到类似的机会"。

巴基斯坦伊斯兰堡南亚与国际研究中心主任马哈茂德·哈桑·汗认为，中国全国两会上，代表委员们反映各领域各阶层人士的意见建议，生动展现了全过程人民民主的内涵。

津巴布韦常驻日内瓦代表哈罗德认为，"民主"一词希腊语原意为"人民的力量"，"中国的民主实践更接近这一理念的原初精神与内涵"。

真民主、好民主，要做到人民当家作主，人民不仅有选举、投票的权利，也有广泛参与的权利；不仅能表达自己的意愿，也能有效实现；不仅推动国家发展，也共享发展成果。全过程人民民主真正坚持人民主体地位，一切为了人民、一切依靠人民。

在2021年中国全国两会上，当了几十年林业工人的周义哲代表提出适当提高林区电信普遍服务试点建设成本补助比例等建议。如今，大兴安岭重点国有林区公网通信覆盖率由10%提升至50%，林业工人基本不用再"为搜寻一格网络信号满山跑"。

美国库恩基金会主席罗伯特·库恩评价说，中国式民主并非"空中楼阁"，它包括各种反馈互动机制，特别是各级人民代表大会，其主要目标是致力于确保全体人民过上好日子。南非大学姆贝基非洲领导力研究院高级研究员谭哲理认为，中国全过程人民民主"以服务最广大人民的根本利益为宗旨，为人民群众带来实实在在的好处"。

英国皇家东西方战略研究所主席易思曾担任吉林省长春市政协特邀委员，还曾任上海市政协顾问，亲身参与了中国式民主实践，目前正在撰写《论中国民主》一书。他了解到，政协委员来自社会各界，提案大多"很实际、接地气"。在他看来，"中国共产党任人唯贤，重视中国东西部以及城市与农村之间在条件、习俗和做法上的差异，在平衡代表性方面做出大量努力。中国民主值得借鉴"。

英国社会活动家马丁内斯认为，在中国民主制度中，人民在各个社会层面享有民主权利，而非仅限于选举期间。被选举的代表委员能听到广大群众的意见、需求与期盼。"新冠疫情发生后，中国把防控疫情、保护广大民众健康安全、保障民众生活等作为优先任务，这就是人民民主，这就是社会主义民主。"

全过程人民民主是最真实的民主

从"小院议事厅"到"屋场恳谈会"，从线下"圆桌会"到线上"议事群"，从人大代表坚持问需于民、问计于民，到政协委员参与基层协商解决急难愁盼问题……完整的制度程序和完整的参与实践，使全过程人民民主从价值理念成为扎根中国大地的制度形态、治理机制和人民的生活方式。中国基于本国国情发展全过程人民民主，既有着鲜明的中国特色，也体现了全人类对民主的共同追求；既推动了本国发展和民族复兴，也丰富了人类政治文明形态。

"中国独特的现代化和发展道路表明，每个国家及其人民都有自己独到的见解、力量和想象力，能够探索和利用本国的历史和现实来建立制度，推进国家发展进程。"尼日利亚中国研究中心主任查尔斯·奥努纳伊朱在尼日利亚《蓝图报》发表的文章中如是说。

曾在中国农村广泛调研的英国巴斯市副市长余德烁，旁听过浙江温岭的民主恳谈会。村民们带着小板凳围坐在大树下，就村子发展畅所欲言的场景让他记忆深刻。"民众的参与度关系着民主的程度，影响着决策意愿的表达。从这个意义上看，中国的全过程人民民主有着更为丰富与深刻的内涵。"

库恩认为，中国努力提高全体人民的生活水平，这涉及改革、法治、公众参与、人权保障等各方面。"14亿多中国人民真正实现当家作主，为人类民主事业发展探索新的路径，这是中国对人类政治文明作出的重大贡献。"

全过程人民民主打破了西方民主话语霸权。英国学者马丁·雅克认为，在西方国家眼中，民主产生于西方政体，将逐步拓展为全人类的普世制度，这种看法缺乏历史常识又不尊重文化差异。"西方国家人口占全球人口不到15%，却认为自己的制度应当被全人类所接受，所有不符合西方制度的政体都是不正确的。成功的治理并非将一个国家的制度和规则照搬到其他国家，特别是在两国国情完全不同的情况下。民主意味着尊重某一国的文化传统，允许该国治理模式在本国环境里开花结果。"

国际社会哪个国家是不是民主的，应该由国际社会共同来评判，而不应该由自以为是的少数国家来评判。"世界丰富多样的文明生机勃勃，文明特别是政治文明的丰富多样性意味着，民主不存在能够批量生产的单一模式。"柬埔寨皇家科学院国际关系研究所所长金平认为，只有尊重文明多样性，增强包容性，才能促进和巩固地区乃至全球的和平与和谐，推动构建不让任何人掉队的人类命运共同体。

全过程人民民主是最管用的民主

"治不必同，期于利民。"民主不是装饰品，不是用来做摆设的，而是要用来解决人民需要解决的问题的。评价一种民主形式好不好，归根结底要看能不能让人民过上好日子。

美中合作基金会执行主席约翰·米勒—怀特曾撰文表示，中国成功实践了全过程人民民主这一具有独特特征的民主形式，向全世界证明，中国特色社会主义民主制度能为全体人民创造巨大的经济社会效益。

新时代十年，中国完成脱贫攻坚、全面建成小康社会的历史任务，党和国家事业取得历史性成就、发生历史性变革，推动迈上全面建设社会主义现代化国家新征程。这些成绩充分说明，中国的全过程人民民主不断丰富和发展，能够激发中国人民的无限能动性和创造性，能够推动中国式现代化的全面提升和全面进步。

全球化智库高级研究员马意骏认为，民主的真谛是为人民服务，中国民主实至名归。"中国政府响应民众号召，努力改善人民的生活和生计。在立法前，中国会向社会公布法律草案并征求意见，这就是一大例证。"

中国式现代化是全面而自由发展的现代化，是经济建设、政治建设、文化建设、社会建设和生态文明建设五位一体的现代化。其中政治建设的根本任务，就是要不断发展社会主义民主政治，不断建设高质量的中国式民主，不断保障人民当家作主各项权利落到实处。

在易思看来，中国式民主的实践能够解决实际问题，"这是通过在广泛的社会中，在行政部门的每一个层面上进行协商，并在党内进行充分讨论来实现的"。

中国的人民代表大会制度体现了社会主义制度的优越性，在确保党和国家在决策、执行、监督落实各个环节都能听到来自人民的声音的同时，保证了决策具有远见，并能高效落实。马丁·雅克认为，只有一个非常自信、群众基础深厚坚实的政党，才能成功地在必要时刻做出着眼长远的政策调整。

俄罗斯圣彼得堡国立经济大学校长伊戈尔·马克西姆采夫认为，中国的全过程人民民主坚持以人民为中心，契合中国国情和实际，为人类政治文明贡献了中国智慧。各国应当尊重彼此的民主模式，加强彼此间的交流互鉴，共同推动人类文明不断向前发展。

中国共产党坚持从群众中来、到群众中去，善于不断总结人民的智慧和经验，把人民当家作主具体地、现实地体现到党治国理政的政策措施上来，使党的理论和决策拥有实践的源头活水，保持创新活力。

奥努纳伊朱表示，中国的现代化进程并非直接照搬世界上其他国家的经验。相反，在自身国情的基础上吸收外来经验，进行有机结合，并经过实践检验。在协商与合作中形成的国家共识把所有不同的观点和愿景都融入国家发展的宏观路线图，凝聚全社会的共识和意志。

中国的民主观从实践上来源于中国式现代化的沃土，必将随着中国式现代化的推进而丰富和发展，为人类政治文明进步贡献更多中国智慧。

《人民日报》（2023 年 5 月 29 日第 4 版）

描绘人与自然和谐共生的美好画卷

刘 融 于 洋 杨 迅

生态文明是人类文明发展的历史趋势，建设绿色家园是人类的共同梦想。几千年来，中华民族尊重自然、保护自然，生生不息、繁衍发展，倡导"天人合一"是中华文明的鲜明特色。人与自然和谐共生，彰显了中国式现代化独具特色的生态观。

今天的中国，山河灿烂，壮美如画，以绿色为底色的中国式现代化，树立起人类现代化新的文明标杆。

今天的中国，与世界各国在构建人类命运共同体的人间正道上携手前行，描绘人与自然和谐共生的美好画卷。

绿色成为高质量发展的鲜明底色

生态环境是人类生存和发展的根基，生态环境变化直接影响文明兴衰演替。

在人类走向工业化、现代化的进程中，西方发达国家普遍走的是一条"先污染后治理"的道路。西方传统工业化的迅猛发展，在创造巨大物质财富的同时，也加速了对自然资源的攫取，人与自然深层次矛盾日益显现。近年来，气候变化、生物多样性丧失、荒漠化加剧、极端气候事件频发，给人类生存和发展带来严峻挑战。

在现代化建设过程中，中国明确提出，不能走先污染、后治理的老路，积极探索可持续发展道路。2013 年 9 月，习近平主席在哈萨克斯坦阿斯塔纳发表重要演讲时向世界阐释"两山理念"："中国明确把生态环境保护摆在更加突出的位置。我们既要绿水青山，也要金山银山。宁要绿水青山，不要金山银山，而且绿水青山就是金山银山。"

锚定绿水青山和金山银山双赢，中国坚定走人与自然和谐共生的现代化道路。

将生态文明建设纳入中国特色社会主义事业"五位一体"总体布局，把"绿水青山就是金山银山"写入中共十九大报告和党章……10 年来，中国以前所未有的力度抓生态文明建设，美丽中国建设迈出重大步伐，发展"含绿量"和生态"含金量"同步提升，绿色成为高质量发展的鲜明底色。

中国加快建立以产业生态化和生态产业化为主体的生态经济体

系，走出一条生产发展、生活富裕、生态良好的文明发展道路，让绿水青山颜值更高、金山银山成色更足。坚守初心，聚沙成塔，一幅新时代"千里江山图"在中华大地铺展开来。

与中国高校开展了多年研究合作的荷兰格罗宁根大学进化生命科学研究所教授、知名鸟类迁徙生态学家特尼斯·皮尔斯玛表示："中国严格且有效的保护措施，让滨海湿地恢复生机，中国为全球湿地保护作出了重要贡献。"

曾多次来华参观考察的埃及共产党总书记阿德利看到，中国推进以国家公园为主体的自然保护地体系建设，"让大量野生动植物种群得到有效保护"。

肯尼亚非洲政策研究所所长彼得·卡格万加表示，中国把良好生态环境作为最普惠的民生福祉，大力推动绿色生产生活方式，让人民有更多的获得感、幸福感、安全感。"中国绿色低碳发展的道路，让我真正理解了生态文明建设的内涵，实现经济效益、生态效益、社会效益同步提升，在发展和环境可持续性之间寻找平衡，促进人与自然和谐共生。"

联合国环境规划署发布《绿水青山就是金山银山：中国生态文明战略与行动》报告，积极评价"中国生态文明理念走向世界"。

树立起人类现代化新的文明标杆

中国式现代化注重同步推进物质文明建设和生态文明建设，敬畏自然、尊重自然、顺应自然、保护自然，始终站在人与自然和谐共生的高度来谋划经济社会发展，坚持节约资源和保护环境的基本国策，坚持节约优先、保护优先、自然恢复为主的方针，努力建设人与自然和谐共生的现代化。

一直以来，中国自觉把保护生态环境、应对气候变化的责任扛在肩上，创造了多个全球第一。

"增绿"——

中国新增绿化面积，世界之最。2000年以来，中国为全球贡献了约1/4的新增绿化面积，其中四成以上来自人工造林。

中国持之以恒科学开展大规模国土绿化行动，在世界范围内率先实现土地退化"零增长"，对全球实现2030年土地退化零增长目标发挥了积极作用。联合国秘书长古特雷斯对此给予高度评价。

"三北"防护林工程被联合国环境规划署确立为全球沙漠"生态经济示范区"；塞罕坝林场建设者、浙江"千村示范、万村整治"工程先后获联合国环保最高荣誉"地球卫士奖"；2022年12月，践行中国山水林田湖草生命共同体理念的"中国山水工程"入选联合国首批十大"世界生态恢复旗舰项目"。

依托库布其沙漠特有的自然风光和多年来的生态建设成果，内蒙古自治区鄂尔多斯市建成了响沙湾、七星湖、恩格贝、银肯塔拉等生态旅游景区，形成了独特的沙漠产业集群。"在库布其，沙漠不是一个问题，而是被当作一个机遇，当地将人民脱贫和发展经济相结合。我们需要这样的案例为世界提供更多治沙经验。"联合国前副秘书长兼环境规划署执行主任埃里克·索尔海姆表示。

"减排"——

中国清洁能源系统，世界之最。建成世界最大清洁发电体系，全口径非化石能源发电装机容量突破 11 亿千瓦。风、光、水、生物质发电装机容量稳居世界第一。

中国以"双碳"目标牵引推动绿色转型，以更加积极的姿态开展绿色发展双多边国际合作，推动构建公平合理、合作共赢的全球环境治理体系。

新时代十年，中国是全球能耗强度降低最快的国家之一，以年均 3% 的能源消费增速支撑了年均 6.5% 的经济增长，能耗强度累计下降 26.2%，相当于少用了约 14 亿吨标准煤，少排放了约 29.4 亿吨二氧化碳，超额完成到 2020 年碳排放强度下降 40% 至 45% 的目标，建成全球规模最大的碳市场和清洁发电体系。

"中国应对气候变化取得积极成效，在多个可持续发展目标上取得显著进展，为发展中国家提供了一种经济发展路径，即经济发展和生态环境保护共赢之路，努力实现人与自然和谐共生。"联合国教科文组织驻华代表处代表夏泽翰认为，中国的绿色低碳发展将加快全球绿色转型，为全球可持续发展提供重要借鉴，"中国式现代化是人与自然和谐共生的现代化，树立起人类现代化新的文明标杆"。

"履约"——

中国对全球臭氧层保护的贡献，世界之最。履行《关于消耗臭氧层物质的蒙特利尔议定书》，累计淘汰消耗臭氧层物质约 50.4 万吨，在保护臭氧层的同时为减缓气候变化带来了巨大惠益。

中国积极履行《生物多样性公约》及其议定书，持续加强珍稀濒危野生动植物及其栖息地拯救保护，大量珍贵濒危野生动植物种群实现恢复性增长，生物多样性更加丰富。

今天的中国大地上，大熊猫从"濒危"降为"易危"等级；"吉祥鸟"朱鹮初步摆脱"灭绝"风险；滇金丝猴、绿孔雀等"国宝"种群数量恢复性增长；青藏高原藏羚羊种群数量从不足 2 万只恢复到 7 万余只……

《生物多样性公约》秘书处前执行秘书伊丽莎白·穆雷玛说，从消除污染行动、修复退化土地、保育物种和生态系统，到解决贫困和致力于更广泛的人类发展目标，中国在过去数十年里开展的工作是变革模式的代表。

欧盟中国贸易协会执行主任格温·松克说，中国坚定不移走绿色发展之路，在清洁能源等诸多领域成为引领者，"不仅为相关国家和地区实现绿色转型、推动绿色合作提供难得机遇，更为全球绿色发展作出积极贡献"。

为建设清洁美丽世界提供更可行方案

不久前，中国和法国签署联合声明，商定共建中法碳中和中心，为全球低碳转型再添新动力。

中国企业与沙特合作伙伴签约，共同在沙特建设全球首家绿色低碳全流程厚板工厂。未来，项目设备将实现与氢气兼容，二氧化碳排放量有望减少 90%，成为"双碳"背景下国际钢铁产能合作典范。

作为全球生态文明建设的重要参与者、贡献者和引领者，中国始终以积极姿态为世界绿色发展贡献力量。

参与全球气候治理，展现大国担当——

中国坚定落实《联合国气候变化框架公约》，以积极建设性姿态参与全球气候谈判议程，为《巴黎协定》达成和落实作出历史性贡献，推动构建公平合理、合作共赢的全球气候治理体系。

秉持"授人以渔"理念，中国帮助发展中国家提升绿色发展能力，积极开展应对气候变化南南合作，2016 年起在发展中国家启动10 个低碳示范区、100 个减缓和适应气候变化项目、1000 个应对气候变化培训名额的合作项目，实施了 200 多个应对气候变化的援外项目。

共建绿色"一带一路"，造福各国民众——

在中老铁路建设过程中，设计人员曾出台 60 多个方案，研究线路总长约 1.4 万公里，绕避自然保护区和环境敏感点，环保低碳成为沿线 43 个车站的特色。

在卡塔尔世界杯期间，中国新能源客车穿梭在卡塔尔首都多哈街头。这是中国新能源客车首次作为主力交通工具服务世界杯。世界杯结束后，这批客车纳入卡塔尔公共交通服务。

截至目前，中国已与 31 个合作伙伴发起"一带一路"绿色发展伙伴关系倡议，与 32 个共建国家共同建立"一带一路"能源合作伙伴关系。绿色基建、绿色能源、绿色交通、绿色金融等一系列举措，持续造福共建国家民众，让绿色切实成为共建"一带一路"的底色。

开展双多边国际合作，贡献中国力量——

成功举办《生物多样性公约》第十五次缔约方大会第一阶段会

议，以及《湿地公约》第十四届缔约方大会；落实全球发展倡议，推动建立全球清洁能源合作伙伴关系；与多个国家和地区开展节能环保、清洁能源、应对气候变化、生物多样性保护、荒漠化防治、海洋和森林资源保护等合作；推动国际组织在工业、农业、能源、交通运输、城乡建设等重点领域开展绿色低碳技术援助、能力建设和试点项目……

巴西中国问题研究中心主任罗尼·林斯表示，多边主义是解决气候变化问题的正道。在这方面，中国正日益成为国际社会的表率。俄罗斯科学院欧洲所高级研究员鲍里斯·古谢列托夫表示，中国式现代化让中国人民安居乐业，为改革和完善全球治理体系提供了有益参考。

人不负青山，青山定不负人。生态文明是人类文明发展的历史趋势。中共二十大擘画中国未来发展蓝图，中国正以实际行动为共建清洁美丽世界作出新的更大贡献。

《人民日报》（2023 年 5 月 30 日第 3 版）

学术茶座

海外对中国式现代化的探讨及启示

刘　静　彭随缘

实现现代化是近现代以来国家发展的核心目标，也是学界研究的核心议题。西方国家是现代化的先行者，它们在此进程中积累了丰富的现代化理论和实践优势。第二次世界大战后，许多后发国家纷纷进入现代化进程的加速发展时期，并在现代化实践基础上，摸索出更适合本国国情的现代化理论范式。中国共产党经过百余年奋斗，将马克思主义基本原理和中国具体实际、同中华优秀传统文化相结合，超越了既有的现代化范式，探索出通往中华民族伟大复兴的现代化新方案，具有深远的世界性意义。习近平总书记在纪念中国共产党成立 100 周年时提出中国式现代化新道路，并在《中共中央关于党的百年奋斗重大成就和历史经验的决议》中提出："中国共产党领导的社会主义现代化，既有各国现代化的共同特征，更有基于自己国情的中国特色"。在党的二十大上，习近平总书记进一步指出中国式现代化是人类文明新形态，"拓展了发展中国家走向现代化的途径，给世界上那些既希望加快发展又希望保持自身独立性的国家和民族提供了全新选择"。这必然会引发海内外关于现代化的理念再认知。

近年来，中国在现代化建设方面取得的巨大成就，引起了海外当代中国研究者的高度关注。中国经济快速发展和社会长期稳定，"中国之治"与"西方之乱"的突出比照，使海外分析者重新审思自身的现代化模式。特别是习近平总书记提出中国式现代化重大命题后，中国式现代化迅速成为当前海外分析者的主要议题之一，他们围绕中国式现代化开展了广泛而深入的探讨。在新的历史阶段，走好中国式现代化新道路，既要坚持自信自立，又需研究"他山之石"，还需要与外界就现代化问题形成理论对话。我们以海外对中国式现代化的基本特征、重要理念、生成逻辑、意义价值等方面的探讨为逻辑主线，提炼其核心观念，分析其价值关怀，以资借鉴。

一、海外学界对中国式现代化基本特征的探讨

海外学界非常关注中国式现代化与西方现代化模式所存在的结构性和本质性差异，并就中国式现代化的基本特征进行探讨，从不同视角反映了中国式现代化的某种状态或特点。总的来看，聚焦在以下几个方面：巨大的人口规模，先经济后政治的改革时序，"双强型"的央地关系，公有制主导的混合所有制，新型举国体制，国防

和军队高速现代化，加强社会主义主流意识形态建设等。

第一，巨大的人口规模。海外研究认为，中国式现代化反映了中国的基本国情，其中最无法忽视的是中国庞大的人口数量。有学者指出，中国通过改革将大量的农村劳动力释放出来，转变为大规模的低成本劳动力，最大限度地降低了雇佣劳动力的国内外公司的成本，并大幅提高了利润，成为国家经济繁荣的核心引擎。中国庞大的人口规模及大量高素质人才，可以有效地降低人力成本，并提供巨大的市场，是独有的资源优势，同时为加速创新提供了平台。中国发展模式符合本国国情，在中国现代化进程中，人力资源的迅速增长，产生了大量拥有非常卓越领导能力的国有企业和私营企业的管理者，这使中国经济充满活力。中国的最大优势在于其经济影响力，而这建立在巨大的人口优势上，中国的廉价劳动力超过其他任何一个国家，并具有巨大且购买力强的市场，这有利于中国利用发达国家和新兴工业化国家的成果加快发展，建设成一个全面工业化的高科技社会。

第二，先经济后政治的改革时序。有分析者认为，中国采取的是渐进主义战略，即由国家主导发展工业化并取得成功，之后在经济现代化基础上进行政治改革。"将这一想法应用于中国背景，关注渐进的转型过程，并不等同于放弃更大的改革目标。这意味着，首先完成过去没有充分发展的部分，然后追求具有更高维度更深层次的渐进变革。"中国共产党的领导人对改革持开放态度，他们基于马克思主义认为，经济体系可以通过被科学地设计而提高其整体效率，从而采取了渐进式的、以市场化为导向的改革进程，这带来更强大的国家权力，避免了东欧所使用的激进模式带来的经济迅速衰退。"为什么中国如此成功，而俄罗斯等其他前社会主义国家却失败了。答案很简单：中国没有遵循国际货币基金组织和世界银行主张的改革，而是逐步开放了经济，特别是国有企业。政府开放了具有比较优势的劳动密集型行业，事实证明，这一战略适合当地条件。"还有学者认为，中国通过不断提高现代生产技术，并运用大量廉价劳动力和大规模的外国直接投资，在经济方面成功且快速地实现了现代化，但它仍面临着后现代化的挑战，即法治形式的政治现代化、环境的可持续发展和妥善处理国际关系。

第三，"双强型"的央地关系。许多海外分析者指出，中国在现代化进程中，一方面维护中共中央的权威和集中统一领导，另一方面赋予地方政府较强的自主权力，形成了有别于其他国家的"双强型"的央地关系。有学者认为，中国地方政府通常充当中央在地方的代理人，由于中央支持权力下放，地方领导层获得了对经济资源的更大控制权，并在地方政府运营方面减少了对上级政府的依赖。但在调控经济资源和税收方面，地方和中央仍存在利益博弈。地方政府充分利用其在区域经济社会中的重要作用，扮演了"变革时期制度转型的驱动力、市场重要资源的分配者、社会和文化变革的领导者、经济增长的直接推动者"的角色，尽可能调动资源，不遗余力地促进区域经济增长，这种作用的发挥在全世界很少见。中国形成了自上而下的政治和行政制度，中央政府可以通过行政权力、经济资源和干部激励等多种方式，推动地方政府实施改革，这有利于相关政策从中央高效地延伸到地方，以便为人们提供更好的公共服务。

第四，公有制主导的混合所有制。有学者认为，中国探索出混合主体驱动的创新发展道路，一方面发挥国有企业在推动技术进步方面的主导作用，另一方面利用私营企业进行技术升级和创新，充分激发两者的比较优势，实现了包容性发展。还有学者从共存理论的视角分析指出，社会主义市场经济打破"公有制不能与市场经济相结合"的教条，使社会主义和市场经济在所有权领域有机融合，从而既能利用市场进行资源分配，又可以更好地发挥政府作用。

第五，新型举国体制。有学者指出，在国家政策的压倒性驱动下，中国建立起国家创新体系，在全国各地推动高新技术开发区建设，使本土技术力量崛起，高科技公司不断被孵化，科技成为新的强大驱动力，促进中国向科技创新型国家转型。"一个大型经济体可以通过专注于某些优先事项来完成伟大的使命。中国可以利用举国体制，集中大规模投资在某些领域以取得重大突破。在此基础上，中国科学技术的进步可以从跟随模式转向领导模式。一些关键领域甚至可以进行重大转型，而其他领域可以赶上甚至领先于国际水平。"通过持续对科学教育事业投入，中国已经成为"世界上最大的科学文章生产国"。

第六，国防和军队现代化。有海外分析者认为，中国人民解放军正在向更加现代化、更有能力的军队转变。陆军通过扩大新型战斗部队重新优化了组织结构，陆军航空和特种部队在人员数量和装备方面都得到了巨大提升，而网络战能力也大幅增长。同时，解放军组建了新的联合军旅和营，集团军结构更加标准化。中国军事现代化在高速进行，集中体现在军事结构重组和改革、发展现代空军海军、开发巡航导弹和强化海军力量投射能力等方面。重组后的中国人民解放军的总人数有所减少，但更加强调高技术装备和精锐战斗部队的衔接。有学者从现实主义理论分析，认为新时代中国开始了有史以来规模最大的军队现代化进程，在组织架构、武器装备、战略理论方面实现了现代化，大大缩小了解放军和美国陆军之间的力量差距，这将使中国在全球的权力投射足以保护自身全球切身利益和应对安全威胁。

第七，加强社会主义主流意识形态建设。有海外研究认为，新时代中国共产党更加强调意识形态重要性，旨在维护社会稳定，提高政府公信力，重置公众表达界限，使舆论避免偏左或偏右，将其保持在不损害国家核心利益的可接受的范围内，从而更好地应对现实挑战。有海外研究认为，自中共十八大以来，中国共产党在主流意识形态宣传的策略方面发生了转变，更加重视使用照片、视频、动画等新的视觉媒体传播方式，对传统文化、流行文化和亚文化更加包容，这"表明共产主义话语已发展到新的阶段，对融媒体技术的复杂运用证明中国共产党建立了更自在、严谨和充满活力的话语体系"。有学者认为，中国共产党对意识形态的治理收紧，一方面在于引导国内舆论，维护政权合法性与稳定，避免发生类似致使苏联解体的信仰危机，另一方面在于努力影响全球对中国的看法。还有学者认为，中国通过数字技术对互联网舆论进行治理，一方面增强了政府的动员能力，在政府和人民之间建立了更迅速和直接的信息渠道，强化了国家对意识形态的主导权，另一方面造成了信息流通受限等问题。

二、关于中国式现代化的重要理念的辨析

基于特定的立场，海外研究者深入辨析中国式现代化相关的重要理念，从政策规范、历史文化、经济效益、地缘安全等不同维度，对中国式现代化进行解读。其中，关注度较高的有以下几个方面。

其一，国内国际双循环。这是具有中国特色的经济再平衡，通过开发庞大内需市场中的处女地，中国将消费需求转化为经济增长新引擎，形成新的比较优势以提高中国经济发展的复原力，为独立自主的可持续的经济发展提供条件。海外分析人士认为，国内国际双循环战略的提出，意在解决国际贸易给宏观经济带来的负面效应。"虽然中国更多地参与国际贸易有助于中国增加收入，但它也带来了新的经济风险。中国宏观经济的稳定变得更加困难，这是因为贸易对中国经济的贡献取决于其贸易伙伴的经济实力，而这并不总是容易预测的。"有学者认为，中国优先考虑内循环的原因有短期因素和长期考虑。短期方面，中国需要应对美国设置贸易壁垒、滥用科技霸权等造成的出口受限和"脱钩"可能。长期来看，中国内需市场庞大，"培养以内循环为支柱的新发展模式的建议符合经济发展的基本规律"。

其二，共同富裕。中国将共同富裕作为包容性发展的首要目标，主动追求城乡协调发展，实施乡村振兴战略，成功消除了绝对贫困，是中国和全球对城乡协调发展的合理长期追求。同时，中国面临着农村基础设施和公共服务的覆盖面和质量不足、各区域和收入群体之间存在差异等挑战。有学者指出，中国的发展道路正在演变。在

一个占世界人口超 1/6 的国家，中国共产党和中国政府的目标是推进共同富裕，在物质方面取得进展（本土创新、产业升级和双循环，不断扩大的国内市场与国际进出口市场）的同时，推进精神文明建设。此外，还旨在促进人与自然的和谐共生。中国建成了世界上最大的社会保障体系，协调增进全体人民的经济、政治、社会、文化、环境权利，公民权益和政治权利得到有效保障。

其三，自我革命。海外分析者认为，中国共产党持续进行自我革命，吸收包括知识分子、私营企业家在内的新生力量，以更开放和系统的方式进行决策，对腐败、环境等问题的追责力度正在加大。有学者指出，中国共产党具有成熟的选人用人机制，人才被政府吸收后，将成为接受过系统教育和专业培训的技术官僚，他们可以理性、专业、务实地解决问题，同时，他们通过和党内外的不同精英合作来平衡不同利益群体的关系。中国共产党具有"精心策划的官僚选拔、评估和晋升过程"，通过层层考察和选拔，对官员形成激励。中国还通过各级纪检、监察委员会以及舆论监督等方式反腐败，使中国的腐败程度低于希腊、印度、印度尼西亚和阿根廷等国家，为世界政治治理提供了成功的替代方案。

其四，"一带一路"倡议。针对倡议提出动机，有学者分析认为，中国提出"一带一路"倡议旨在解决债务扩大和产能过剩等宏观经济问题，客观上，这创造了经济机会，为经济规模不同、发展水平不均的国家展示了更好的包容性的全球化计划，因此前景广阔。影响方面，有学者认为，"一带一路"倡议使中国人民成功融入国家和世界发展潮流，并帮助世界和中国建立日益稳固的贸易关系，改善了中国的全球形象。"自习近平主席成为领导人以来，中国在中东和北非地区的参与呈上升趋势。这种参与对'一带一路'沿线国家至关重要。中国不仅在该地区提供了稳定的秩序，还为'一带一路'提供了安全保障。"还有学者基于在马拉维、坦桑尼亚和津巴布韦等地进行的实地研究，认为中国强调不干涉和共同利益，在走自身的发展道路的同时实现了国际共同发展的目标。分析者还指出，"一带一路"倡议面临着基础设施薄弱、缓释地缘政治猜忌等挑战。

其五，人类命运共同体。分析者指出，人类命运共同体的提出，旨在推动构建新型国际关系，完善全球治理体系，这反映出中国悠久的文化传统和先进思想体系所蕴含的智慧，代表了国际合作和秩序的新视角以及发展、安全和文明的新概念，为完善全球治理提供了正确的方向，有助于解决地区发展问题，促进实现持久和普遍的和平。"人类命运共同体是中国对人类更美好未来的全面建议，它基于国家间双赢合作，否定零和博弈心态，遵循着和平共处五项原则。"人类命运共同体的概念，反映了中国对国际法社会基础的新理解。它把中国优秀传统文化引入全球治理，发展了马克思主义，关注整个人类和个人，突出了国际社会的最终问题，并强调了国际社会的多样性和相互依存的联盟，这对中国参与全球治理体系变革具有重要价值，有助于促进对中国与世界关系的认知，提升中国国际话语权，推动中国所主张的国际关系法治化。

其六，"两山论"的生态环境理念。关于习近平主席提出的"绿水青山就是金山银山"的"两山论"，突出生态环境保护的重要性，是近年来中国在发展问题上的重大转变。有学者指出，在国家推动下，优先考虑环境保护已成为中国社会的共识。中国采取了与西方不同的环境治理方式，包括但不限于发展新能源、加强环保执法、进行机构改革等，迅速治理了环境污染。同时，中国需要进一步完善环境问责制，提升数据质量和管理水平，扩大公众参与等。"社会主义生态文明的理念已经坚定地扎根在中国共产党的政策中"，而这使得"中国的政治行为在提高能源利用效率、利用可再生能源，从而达成降低碳排放量目标方面的效果十分明显"。有学者通过对广州水污染治理的实证研究认为："中国环境治理的经验表明，通过加强通信技术的支持、公民的参与、信访的监督，可以使政府克服自上而下落实政策和促进公民参与方面的挑战。"有学者认为，中国高度重视生态环境保护，制定有关荒漠化防治、涉及自然资源和生态环境保护等方面的法律法规，并启动系列国家生态工程项目，取得显著成绩，对其他国家缓解土地退化和改善生态环境有重要借鉴意义。

三、关于中国式现代化生成逻辑的分析

在对中国式现代化基本特征和重要理念深入探索的基础上，海外研究者从政党、体制、经济等维度，对中国式现代化的生成逻辑进行分析，提出了许多具有理论和应用价值的观点。

（一）政党主导说

中国共产党的领导层进行"超级宏观调控"，发挥全面影响，具

有强大的社会组织能力和动员能力，有利于采取特殊措施和政策安排应对各种突发事件，形成强劲增长的独特优势。"中国能成功的关键在于有一支强大且结构化的共产党员队伍。中国共产党广泛扎根在社区和公共场所之中——这确保党能够时刻关注并及时满足民众的基本需求。"有学者通过比较分析认为，中国式现代化取得成功的特有原因在于"有效的政府干预，包括远见卓识的领导，健全的制度架构和相当高效、相对廉洁的官僚体系"，而中国共产党在治理结构中"独一无二且不可复制的地位和作用"是关键。"如果中国共产党堕落或被推翻，尽管中国人有爱国主义和英雄主义精神，他们也没有时间重建一个能够拯救中国免受美国对其发动的'混合战争'的国家灾难的政治组织。总之，中国的整个命运取决于中国共产党的成功。"

中国共产党始终致力于维护国家利益、增进人民福祉、实现和平发展，不仅成功应对了国内各种风险挑战，而且在国际舞台上发挥了负责任政党的作用。有学者在比较中苏改革后认为，不论中国有哪些内在的优势，使中国迅速发展而苏联最终解体的关键区别是，中国在刺激经济增长方面更为成功，具体包括：坚持共产党的权威、步步推进的改革和扩大对外开放。"在国家治理和市场活跃的金融机构之间，一个意识形态健全、制度完善和高度网络化的组织结构能够减少不确定性并保持政治经济稳定。"

（二）体制优越说

海外研究者认为，中国应对新冠疫情的方式方法，充分体现了社会主义的制度优势，"社会主义生产资料公有制以全民所有制和集体所有制的形式，奠定了中国经济秩序的基础"，而这正是"中国和资本主义世界相比无法估量的优势所在"。"中国在过去30年里一直保持着一贯的立场，它非常谨慎地从试点开始，新模式在有限的风险下进行测试；一旦经验被证明是成功的，它就会被扩展到更大的领域。这种方法与美国或欧洲作出的决定形成了鲜明对比。"

中国经济发展的关键因素是其能够持续积累和迅速掌握新的复杂情况的能力，这种能力是政策而不是市场的结果，中国共产党制定了适当的政策，实施深思熟虑的改革，对制约因素和风险进行娴熟管理，获得了显著的比较优势。有学者认为，中国特色的治理体系是中国政府积极刺激自身经济发展的基础。中国政府在改革中发挥着以下作用：制度转型的驱动力，大量资源的分配者，社会和文化变革的领导者，经济增长的直接推动者。这是"中国经济增长之谜"的谜底。

（三）经济驱动说

海外研究者认为，"中国政府不仅考虑共产主义政治结构的持久性，还着眼于共产主义和社会主义在经济社会实践中可能存在的联系，他们务实地将构建社会主义市场经济作为他们的经济改革方向，利用一个基本因素——市场——来振兴经济实力和提高人民生活水平。"改革开放以来，中国坚持社会主义市场经济的改革方向和建设社会主义现代化国家的发展目标，通过政府主导、双向互动探索和实践，构建了基于国家实际的社会主义市场经济，专注于完善政府与市场的关系、专注于经济体制改革的核心问题和经济发展的关键因素，为中国经济的成功转型提供了必要的权威、秩序和活力。

在前所未有的经济增长的推动下，中国发展的前提是接纳资本主义生产要素，并向世界市场开放。中国由此走上了逐步和有选择地融入全球政治经济格局的道路，由此产生的相互依存性，也导致了中国政治经济的跨国化。而经济的跨国化既能促进，也能改变和限制中国的发展，及其与自由秩序的相互作用。中国共产党和政府根据生产力条件不断调整经济关系、利益关系和各种政策，形成"动态发展优势"，实现生产力、生产关系和上层建筑三维的积极互动，为中国经济发展模式的转型提供制度和技术条件，从而使中国经济发展符合市场经济下社会化生产发展的一般规律的要求，并更快地实现生产力的提高。

（四）意识形态推动说

海外研究者认为，中国国家权力增加的最关键因素，是在由计划经济转向社会主义市场经济的改革进程中，仍然坚定社会主义意识形态，这使得转型的过程十分平顺，并让国家能够将其精力聚焦到更关键的实际问题上。中国在改革开放最初几十年，通过坚持马克思主义意识形态来塑造意识形态合法性，这使中国公民保持对国家政治机构的高度信任，巩固了政治体制。"中国共产党广泛使用和谨慎管理大众媒体，将其作为维护稳定的手段，因为它们具有议程制定、教育和说服功能，更重要的是，它们在塑造和引导公众舆论方面发挥着不可替代的作用。特别是在社会秩序和政治稳定可能动摇的危机时期，使用媒体来引导公众舆论以维护稳定已成为宣传工作和危机沟通的核心任务。"

中国共产党高度重视意识形态工作，建立起高度发达的理论和广泛的组织机制，通过不断加强爱国主义宣传教育，有效地巩固统一战线，加强国内政治支持，防止意识形态颠覆。中国利用互联网来应对挑战，使国家保持动态竞争力，并推动中国共产党的自我革命，通过技术经济和思想指导寻求内向的权力巩固。

四、关于中国式现代化意义价值的评估

评估意义价值，是海外研究者分析中国式现代化的重要视角。随着中国综合国力提升，以及中国更加积极主动地参与全球治理，海外研究者对中国式现代化的感知由模糊走向清晰和具体。除研究中国式现代化的基本特征、重要概念和生成逻辑外，他们更多地从中国自身、发展中国家现代化、社会主义现代化、全球治理等切入点，评估中国式现代化的意义价值。

一是化解了现代化道路中的挑战。自 1978 年改革开放以来，中国决策者参考学习了以汇率贬值、金融抑制和限制国内消费为基础的东亚出口导向型经济发展战略，大胆地建立了经济特区，将外国

直接投资、贸易和跨境生产的流入动态结合起来。中国凭借庞大的廉价劳动力储备和丰厚的规模经济，获得了丰厚的回报。资本的快速积累为基础设施建设、工业、技术、研究和教育等方面进行雄心勃勃的投资创造了条件，并使中国迅速从资本稀缺转变为资本丰裕状态，成为世界制造业的最大出口国、领先的新兴经济体和外国直接投资的目的地。"在过去的40年里，中国已经使8亿人摆脱了贫困，并计划在2020年再让3000万人摆脱贫困，并解决其他社会问题。这意味着社会权利有了很大改善。如果我们考虑到中国有14.2亿人口，即世界人口的18.47%，这种社会发展堪称人类文明史上的一项巨大成就。"中国建立并利用多边合作框架，以有利的方式塑造外部环境。通过提出的一系列外交政策倡议，中国保证了运输线路，取得了获取必要物资的自主权。此外，通过推广和平共处五项原则，特别是尊重主权和领土完整互不干涉内政，化解了西方民主的潜在压力。

二是提供了发展中国家实现现代化的新选择。"中国式现代化不同于建立在掠夺、战争、流血基础上的西方现代化，是基于独立自主、和平道路、国际合作的现代化，为全人类提供了新选择。"中国政府采取针对性的干预措施，形成了促进外国直接投资的溢出效应机制，将资本引向提高工业附加值相关的战略优先事项，刺激了一系列技术创新和产能转型，使产业链等级提升，避免了劳动密集型产业的被边缘化。这为越南提供了另一种工业发展模式，可能会使越南走上一条独特的发展道路。"执政的中国共产党在倾听人民声音、打击腐败和提高执政能力方面取得了巨大成功。建设一个廉洁高效的政党，可以给其他被政治混乱和社会鸿沟深化所困扰的政党提供经验。"从脱贫攻坚到乡村振兴，从打好污染防治攻坚战到建设人与自然和谐共生的现代化，中国共产党始终坚持以人民为中心，注重改善民生，为非洲国家带来启迪。

三是开辟了社会主义现代化道路的新方案。中国在改革开放之初就意识到，在社会主义尚未成熟的情况下，不能走经典的共产主义道路，需要通过特定的方案补足实现共产主义所需的元素。中国实行改革开放和建立社会主义市场经济体制，成功避免了类似于20世纪70年代苏联的经济停滞。因此，中国共产党的成功不仅体现在实践中，也体现在理论领域———概念化和引入一个已被证明是人类历史上最成功的经济体系。戈尔巴乔夫在苏联推行的政策为叶利钦复辟资本主义开辟了道路，给俄罗斯造成了政权和经济灾难，中国的改革开放则确保了中国社会主义的成功，这是中国共产党的伟大理论成就之一。中国共产党在探索本国发展道路的过程中，与时俱进地将马克思主义与中国实践相结合，其"发展生产力方式的成功，超过了迄今为止任何其他国家的社会主义尝试"，积累了丰富的具有国际意义的经验。

四是推动了全球治理体系的新变革。中国作为联合国安理会唯一亚洲常任理事国，在全球治理中发挥了积极作用。中国从未鼓励对任何国家发动战争，并相信能够通过协商和谈判和平解决全球和区域问题。从历史上看，中国在经济和政治领域表现出了彻底的飞跃。"中国的发展需要被乐观地解读，因为中国是最大的市场，并推动了人类科技的发展。中国在国际政治经济中日益增长的经济影响可能导致建立新的国际经济秩序。"经济能力的增长极大地提升了中国与其他国家的相互依存关系，从而使中国作为独立自主的行为体，能够利用这种相互依存的关系作为权力支撑来解决其他问题。有学者通过大数据技术对中国领导人的演讲中最常使用的单词和趋势进行政治修辞和语言分析，认为"中国现在已经接近全球权力中心地位"。还有学者表示，希望中国的振兴"能够打破西方对国际经济的垄断，促进发展权，同时保护后进者，即发展中国家对工业化和改善经济的渴望，并促进国际法律法规的实施，防止富国和强国的绝对控制"。

五、几点启示

海外分析者从特定的立场出发，运用不同的分析范式对中国式现代化的各个维度，展开了全面而深入的探讨，其中不乏很多客观、正面的评价和建设性的意见。同时，有部分分析者存在"金德尔伯格陷阱""新殖民主义"和"制度输出"等误识和疑虑。中国共产党第二十次全国代表大会正式提出并阐明了中国式现代化的本质要求，必然引发海外有关中国式现代化的新一轮理论探讨。因此，在研究海外已有看法和观点的基础上，对如何进一步阐释好中国式现代化，并及时与海外开展探讨和对话，是十分必要和紧迫的。

首先，应从全球意义上的政治治理价值视角，阐释中国式现代化的世界意义。海外分析者关于中国式现代化的探讨发生普遍积极的转向，不是偶然和表面的现象，而是有深层的理论和现实动因。

在新自由主义理论的支撑下，西方国家提出"华盛顿共识"，长期垄断对现代化路径的理论诠释，通过"颜色革命"等方式力图在世界范围内进行制度输出，导致拉美国家经济危机、"阿拉伯之春"等治理失败，西方国家自身也深陷经济和社会危机泥潭，出现了法国"黄马甲"运动、美国"6·11"游行等抗议活动，这凸显了西方现代化模式的局限和危机，证明了不存在定于一尊的现代化模式。而中国从自身国情出发，进行改革开放，将坚持中共中央权威和集中统一领导有机嵌入中国政治结构之中，发展全过程人民民主，形成了自己独特的治理模式，开拓中国特色社会主义市场经济，探索出中国式现代化新道路，实现了综合国力、国际影响力的快速提升，体现了旺盛的道路生命力，提供了崭新的发展选项。在"一荣一衰"的比较中，海外分析者对中国的认知更加趋近实际情况，这启示我们要坚定对中国式现代化的道路自信，注重从全球治理的视角出发构建中国特色对外话语体系，阐释中国治理模式的独特价值，强化国际传播能力，营造有利的外部舆论环境，形成与我国综合国力和国际地位相匹配的国际话语权。

其次，应站在文明复兴视角，阐释中国式现代化对中国的意义。随着中国式现代化理论和实践的不断深化，海外分析者基于特定的立场、视角、方法跟进研究，为我们从文明复兴视角认识中国式现代化新道路对中国人民的意义提供了理论观照。中华文明有光辉璀璨的历史，为人类文明发展作出过伟大贡献。近代以来，在西方现代工业文明的冲击下，中华民族遭遇了前所未有的劫难，陷入了文明蒙尘的困境。中国式现代化博采世界多元文明之长，摒弃"文化优越论"和"文明冲突论"之短，走自己的路，建构了中国的现代性，彰显了中国共产党新的人类文明观，形塑了中华民族文明自觉和文明复兴，开启了人类文明新形态，改变了世界文明进程。海外学者对中国式现代化的探讨、对不同文明形态和发展经验的比较，体现了中国式现代化的先进性，凸显了对现代化发展道路和人类文明进步的共同愿景，启发我们在发展和完善中国式现代化的基础上，进一步阐发其对推动中华民族伟大复兴、丰富人类文明形态的重大意义，从而强化民族认同和国家认同，推进文化自信自强。

再次，应以中国式现代化的"五大特征"，阐释现代化的多维性和共通性。中国式现代化破解了以资本为中心的资本主义现代化沉疴顽疾，为世界提供了全新治理蓝图，具有建设性和未来性。中国在推进现代化的过程中，以人民为中心，凸显人民在现代化进程中的主体地位，依靠人民实现人口巨大规模的现代化和物质文明与精神文明的双重富足，完善发展成果由人民共享、最终实现共同富裕的特色分配制度，注重人与自然的和谐共生，驳斥"弱肉强食论"和"零和博弈论"，维护世界公平正义，克服了资本主义发展史上普遍遭遇的"四大赤字"危机。立足大历史观视野，人类社会历史发展具备多源流、多形态的特征，不同文明间平等、开放的沟通和对话，推动着人类社会发展进步。中国式现代化的成功，证明了现代化具有多维性；同时，其蕴含的丰富的、共通的实践经验，可以为其他国家完善或迈向现代化提供路径参考。因此，应当聚焦中国式现代化的"五大特征"的理论建构和经验诠释，主动与世界各国分享现代化经验和成果，增进海外对中国式现代化的客观认知，形成人类文明新形态的理念认同，共同避免西方现代化路径的缺陷与不足，在对话和探索中缓释疑虑、消除误识，使中国式现代化为人类和平与发展作出新的更大的贡献。

（《当代世界与社会主义》2023 年第 1 期）

拉美学界关于中国式现代化
的若干认知

楼　宇

习近平总书记在党的二十大报告中指出："从现在起，中国共产党的中心任务就是团结带领全国各族人民全面建成社会主义现代化强国、实现第二个百年奋斗目标，以中国式现代化全面推进中华民族伟大复兴。"现代化是一场涵盖经济、政治、社会、文化、思想等诸多领域的深刻变革，也是发展中国家面临的一个共同课题。拉丁美洲是发展中国家最集中的地区之一，位于该地区的国家在推进现代化的进程中均遭遇严峻的挑战和挫折。因此，中国对现代化的探索经验以及取得的成就，吸引了拉美学界的普遍关注。

一、中国式现代化的斐然成就：发展中国家现代化的奇迹

拉美学界一般认为，中国对现代化道路的探寻虽然始于鸦片战争后，但直至中国共产党诞生，中国才真正开启迈向现代化的漫漫征程。作为世界上最大的发展中国家，中国现代化发展所面临的复杂性和艰巨性都是前所未有的。100 多年来，中国式现代化历经多次改革与调整，目前取得辉煌成就，创造了发展中国家现代化的奇迹。

（一）经济建设领域的巨大成就

对经济发展与变革的研究，是现代化研究的重要内容。对此，拉美学界一致肯定了中国在经济建设领域取得的举世瞩目的成绩。巴西学者弗拉基米尔·波马尔指出，经过几十年的发展，中国已经崛起，被不少学者称为"近 250 年来世界上最伟大的经济变革"。拉美著名左翼学者、阿根廷布宜诺斯艾利斯大学前副校长阿蒂利奥·博隆认为，中国在经济领域开启了一系列试验与革新，摒弃教条主义，对内改革对外开放，一跃成为世界经济大国。"中国的改革成果有目共睹，令人惊叹，是全球经济史上最伟大的一场革命。"

一些拉美学者从历史角度出发，探寻中国经济现代化的发展历程。墨西哥维拉克鲁斯大学教授胡安·费尔南多·罗梅罗认为，每个国家开启现代化之路的历史起点不尽相同，采取的形式也各有特色。中国式现代化是一个革命的过程，萌发于 1911 年，真正开始于 1949 年。中国政府在 20 世纪 60 年代首次提出实现四个现代化目标的"两步走"设想，1978 年之后把工作重心转移到经济建设上来，

实行改革开放，改变了新中国成立初期经济和社会发展严重落后的状况，取得了现代化建设的丰硕成果。他分析指出，中国式现代化遵循的是一种"4＋4"模式，即"四个现代化"加上"四项基本原则"，其过程具有渐进式和积累式特征，从农村地区的改革到城市化和工业化的发展，从家庭联产承包责任制到全面改革开放，无不体现出务实性和科学性。曾担任阿根廷中小企业家协会执委会委员的阿根廷经济学家埃米利奥·卡茨在《中国知道该往何处去》一文中，回顾了中华人民共和国成立 70 多年来经济改革的历程，指出中国从成立初期采用计划经济体制，到后来找到更加适合中国发展的社会主义市场经济体制，尝试了多种改革，也遇到了诸多复杂的状况，但中国成功应对国内外各种挑战，实现了经济腾飞。他认为，"中国的改革是循序渐进的，且敢于尝试，着眼于突破阻碍现代化精神的教条主义束缚"。

从拉美学者的研究成果来看，"中国速度"也是其关注焦点。罗梅罗强调，中国现代化的发展速度与西方国家是截然不同的。中国仅用 30 多年时间就在诸多方面实现了西欧和美国花费了近 200 年才实现的经济与社会发展。他表示："不妨以一种化繁为简的方式去诠释中国的发展，即将中国喻作一座突然喷发的积蓄了巨大能量的火山，而且，这座火山在世界上是独一无二的。"阿根廷"弗洛雷亚尔·格里尼"文化合作中心中国与拉美研究组组长马里亚诺·恰法迪尼，也对中国经济的快速发展赞叹不已。他指出，随着改革开放的不断推进，"中国国内生产总值快速增长，世界上从未有国家能在如此短的时间内实现如此迅速的发展。中国迅速走出 1997—1998 年

亚洲金融危机，并较为顺利地抵御住了此后的几次危机，包括 2008
年国际金融危机以及当前金融资本主义日渐式微和新冠疫情带来的
全球卫生与经济危机"。

（二）全体人民共同富裕的阶段性胜利

拉美学者普遍认为，中国式现代化不是单一的经济现代化，而
是在发展经济的同时，积极推进社会、科技、教育等多个领域的现
代化建设，致力于全面提高人民的生活水平。阿根廷学者马塞洛·法
比安·罗德里格斯认为，中国的工业化、城市化和现代化进程，对
于整个人类历史具有重要意义。从最初的土地改革、妇女解放和扫
除文盲等运动，到近些年来不断完善的教育、医疗、住房、养老等
社会保障制度，亿万中国人民的生活水平发生了巨大的变化。波马
尔在《中国：实践社会主义的 70 年》一文中指出，自 1949 年中华
人民共和国成立那天起，中国共产党就开启了一场涵盖经济、社会
和政治等多领域的伟大变革，力图改变饱受封建主义和帝国主义摧
残的旧中国的落后面貌，提高 56 个民族的人民的生活水平。如今，
中国不仅在基础设施建设、教育、科技、卫生等多个领域突飞猛进，
而且使数百万人摆脱了贫困。

许多拉美学者注意到，中国作为人口大国，其现代化之路从起
点上就困难重重，但中国仅用几十年的时间，就实现从"解决温饱
问题"到"过上小康生活"的跨越式发展。阿根廷学术期刊《马克
思主义研究》编委会主任维克托·科特指出，在中华人民共和国成
立之初，美国前国务卿迪安·艾奇逊曾断言："中国人口众多，因此，

中国永远不可能战胜饥荒。"但是仅仅过了几十年，中国就用事实有力地驳斥了艾奇逊的观点，不仅解决了人民的温饱问题，还全面建成了小康社会。"这是中国共产党和中国人民取得的伟大成就，是一场切切实实的胜利，具有超越时代的象征意义。"古巴哈瓦那大学国际经济研究中心研究员胡里奥·阿·迪亚斯·巴斯盖斯指出，中国幅员辽阔，人口规模大，拥有大量的农村人口，存在区域发展不平衡等问题，但这些困难未能阻挡中国现代化的发展，中国在近几十年来"经历了一场具有历史意义的经济和社会觉醒"。

拉美国家普遍面临严峻的贫困问题，因此中国的减贫方案和脱贫实践，成为拉美学者重点关注的领域之一。联合国拉丁美洲和加勒比经济委员会的多位专家指出，中国通过积极推进多领域、多元化、多层次的工业化进程，鼓励开展自主科技研发、促进绿色能源和数字化等创新领域的发展，推动中国的人均收入在近 40 年来不断增长。中国在国家层面设计了一个全面系统的减贫战略，并以卓越的领导力有效推进，从而实现了人类历史上最大规模和最快速度的脱贫进程。此外，中国政府在推进减贫和扶贫政策时，充分考虑到不同地区的特点，采用适应当地实际情况的具体政策，针对儿童、残疾人和少数民族等不同群体都出台了相应的方案。中国的减贫规模，可谓史无前例。墨西哥维拉克鲁斯大学中国研究中心主任阿尼瓦尔·卡洛斯·索特雷认为中国的减贫事业具有国际意义。他指出："中国如期实现脱贫目标意味着全球 1/5 人口彻底摆脱贫困，中国不仅消除了国内的贫困，还以国际主义精神坚守大国担当，积极帮助其他发展中国家减贫。中国脱贫事业的经验在国际上影响巨大，以至于与减贫脱贫有关的国际指标也随之调整。"博隆认为，中国走的是持续发展之路，有别于其他国家的发展经验。"中国是一个历史上饱受饥荒之苦的国家，每逢饥荒，就有大量贫困人口连最基本的卫生条件都无法保障。但中国共产党却改变了这个国家的贫困局面，只用了短短几年，上述情况就成为一段过往岁月的痛苦记忆，如今的中国一跃成为有效战胜贫困的全球典范。"阿根廷国际问题专家、前阿根廷解放党主席塞尔希奥·奥尔蒂斯认为，中国近年来取得的最重要的成就之一就是脱贫。他强调："中国在 2015 年正式颁布了《关于打赢脱贫攻坚战的决定》之后，仅用短短几年就实现了这一目标，中国全面消除了绝对贫困。"奥尔蒂斯从比较视野出发，认为中国脱贫经验值得世界上其他国家认真学习。他指出："阿根廷常自视为富裕国家，但阿根廷国家统计局报告显示，我们的贫困率高达36.5％。国际货币基金组织发布的最新一期《世界经济展望》预测，全球经济面临严峻挑战，经济衰退日益严重，贫困问题加剧。因此，从国际层面而言，中国的经济和社会发展尤显重要。"

不少拉美学者认为，在脱贫攻坚取得重大历史性成就后，中国正朝着全体人民共同富裕的现代化迈进。拉美著名国际关系专家、委内瑞拉国立中央大学教授塞尔希奥·罗德里格斯·格尔芬施泰因指出，长期以来，中国出台了一系列政策以缩小贫富差距。中共二十大召开后，中国政府将制定更加具体的促进全体人民共同富裕的行动计划，扩大中等收入群体，大力推动城乡一体化，多渠道增加城乡居民收入，以期形成自下而上的高质量发展模式，创造一个更加平等的社会。阿根廷国家科学技术研究委员会研究员胡安·塞巴斯蒂安·舒尔茨分析了新发展理念与共同富裕及"双循环"新发展格局之间的联系，指出对中国这样一个发展不均衡的人口大国而言，习近平经济思想具有重要的指导意义，推进共同富裕旨在全面改善人民福祉，促进社会公平，进一步解决中国面临的区域差距、城乡差距和收入差距等问题。

二、中国式现代化成功的重要因素：
中国共产党领导的"以人民为中心"的现代化

拉美国家开启现代化探索的时间与中国接近，也始于 19 世纪中叶。100 多年来，拉美国家的现代化进程在经历了初级产品出口模式、进口替代工业化模式和外向发展模式等三个发展阶段后，仍然面临巨大的发展困境。面对同为"后发型"现代化国家的中国取得的优异成绩，拉美学者试图探究中国奇迹背后的深层原因。

（一）坚持中国共产党的领导

拉美学界普遍认为，中国式现代化是一场社会主义性质的现代化，主要形成于中国共产党的持续探索，其成功离不开中国共产党的领导。博隆指出，中国已经成为 120 多个国家和地区的最大贸易伙伴，"这是美国在其霸权最为鼎盛的时期也未能企及的地位"。"综观全球的政治组织，没有哪个组织能像中国共产党这样，仅仅用了一个世纪就让中国这样一个泱泱大国发生了如此深刻的变化。""那个创建于 1921 年、党员人数仅 50 余人的小党不断萌发生长，最终结出了世界经济史上最为壮观的硕果，而且中国取得的伟大功绩不仅限于此。"哥伦比亚共产党总书记、哥伦比亚国立大学教授海梅·凯塞多·图里亚戈表示："在艰苦卓绝的环境下，中国共产党通过其科学的、智慧的领导，推动中国革命取得了成功，这是世界上影响最为深远的社会革命之一"。

在过去的 40 多年里，中国实现了史无前例的飞跃，成为世界的典范。中国的成就源于社会主义建设，"在于中国明确地规划了属于自己的社会主义道路，并用这种中国特色社会主义制度来解决历史上资本主义遗留下来的重大问题和深刻矛盾。"罗梅罗认为，中国式现代化的成功"主要得益于中国共产党和全国人民代表大会作出的一系列政治决定"，这些决定不仅推动了中国经济快速增长，而且有效促进了社会发展和区域协调发展。他重点分析了中国共产党推出的"五年规划"。他指出，新中国成立之初，中国共产党借鉴苏联经验采取了这一措施，但当时比较僵化，效果并不理想。此后，中国共产党及时调整政策，不是机械地去制订发展计划，而是从实际出发、用科学理性的态度去制订经济和社会发展规划。因此，中国经济得以稳步发展离不开中国共产党的科学规划和有效管理。在全球化和信息化时代，经济发展不仅需要效率，还需要稳定的社会环境、有效的社会协调、政府公信力以及强大的政治凝聚力等，中国通过发展社会主义市场经济实现了这一目标。格尔芬施泰因指出，中国之所以能不断取得发展成就，很重要的一点是中国共产党保证了中国的政治稳定以及政策的连贯性和延续性。他还从哲学层面出发，指出西方的时间观投射到国家治理领域往往是"有限的""短期的"，而中国的时间观则是"无限的""长期的",因此中国共产党可以在很长的时间段里去设计规划各种项目,持续推进经济与社会变革。秘鲁共产党(红色祖国)党主席阿尔贝托·莫雷诺·罗哈斯注意到了这种中西方的时间观差异。他指出,"中国共产党人擅长以长远的眼光看待发展,把当前局势和未来视作一个相互关联的整体去研判规划。相较而言,西方资产阶级文化则更注重短期计划。"

在拉美学界,也有一些带有意识形态偏见的学者,别有用心地将中国的现代化发展,曲解为资本主义发展模式,试图将中国的成功归于"西方模式的成功"。面对此类曲解事实、恶意抹黑中国的言论,许多拉美学者都予以有力驳斥,强调中国式现代化的成功是由中国共产党领导的社会主义现代化的成功。古巴国际政治研究中心研究员苏娜米斯·法维洛·康塞普西翁指出,这类宣传和传播的实质是以美国为首的西方国家遏华战略的重要一环。在此背景下产生的叙事策略,旨在将复杂的问题简单化、抽象化,通过舆论攻击和抹黑中国的国际形象,将中国和古巴等社会主义政治制度模式妖魔化。巴西学者加布里埃尔·马丁内斯指出,国际上一些关注中国发展进程的人在解释中国取得的不可否认的成就时采取了以偏概全的策略,如在解释"中国奇迹"时故意回避中国共产党的作用及贡献,认为中国的发展无非是与新加坡或韩国模式一样的"发展主义",或是"文明国家"产生的结果,即强调中华民族的"文明优势"。马丁内斯认为,中国共产党的领导和马克思主义中国化是"中国崛起"的决定因素。中国共产党能够将马克思主义与中国具体实际相结合,避免了重蹈逐渐偏离马克思主义的苏联共产党的覆辙。中国共产党领导中国人民在社会主义建设上获得的成功，向世界展示了马克思主义的生命力和科学性。格尔芬施泰因明确指出，"中国式现代化与西方现代化模式有着本质区别"。这主要体现在以下几方面：中国式现代化是以人民为中心，西方模式则以资本为中心；中国共产党追求的目标是共同富裕，而非西方社会那种贫富两极分化；中国式现代化强调物质文明与精神文明相协调的现代化，而非西方那种一味追求高消费、贪图物质享乐的社会风气；在国际层面，中国式现代化倡导和平发展，完全不同于西方通过发动战争掠夺他国资源的行径；中国共产党制定了清晰的短期、中期和长期目标，强调保护生态环境，并试图更好地解决发展与改善人民生活条件之间的关系，使之协调发展。为了实现上述目标，中国共产党基于自主探索的经验，创建了一个强调整体性、制度性和组织性的模式。

（二）以人民为中心的现代化

许多拉美学者指出，中国式现代化深刻体现了中国共产党"以人民为中心""人民至上"的宗旨。罗德里格斯认为："中国共产党始终将人民群众的利益放在首位，正因如此，中国共产党人才不断努力，进行理论创新，独立自主探索发展道路。"罗哈斯指出，中国的战略优势在于拥有一个坚强有力的中国共产党，它深深扎根于人民，始终坚持全心全意为人民服务的根本宗旨。图里亚戈强调：我们认识到中国体制所表现出的优越性，认识到另一种模式是可行的，认识到人类的问题可以通过政治途径和政府行动来解决——政府行动的目的就是让"社会的"优先于"个人的"。

拉美学者普遍认为，中国式现代化"以人民为中心"的特点体现在多个领域。科特指出，中国共产党近些年提出的一系列政策都体现了以人民为中心、为人民谋福利。例如，全面深化改革，继续推进改革开放；构建和谐社会；提出创新、协调、绿色、开放、共享的新发展理念；尊重自然，倡导节能环保，为人民创造良好生产生活环境并为全球生态安全作出贡献等。玻利维亚学者穆鲁奇·波马认为，西方国家在发展过程中对全球生态造成了严重破坏，而中国虽然在发展过程中也对环境造成了影响，但中国共产党很快就调整了政策，积极治理环境，强调人与自然和谐共生的可持续发展道路。他认为，只有一个强调人民至上的政府才会毫不犹豫地投入上百亿资金用于沙漠治理，只有中国政府才会做保护环境这样成本高昂且暂时看不到回报的项目。阿根廷解放党主席伊莉娜·桑特斯特万指出，中国要建设的现代化是人与自然和谐共生的现代化。"中国政府一直强调，保护环境才能让国家强大，让社会稳定，让人民的生活更加丰富多彩。"中国用实际行动证明，保护环境和发展生产力并不冲突，保护环境就是保护生产力，改善环境就是发展生产力。工业发展与环境保护并非完全对立、不可兼顾。波马尔指出，中国曾经因发展工业付出了沉重的环境代价，但现在的中国已经成为全球最积极的环境保护倡导者之一，中国从化石燃料转向可再生能源的发展速度惊人，在太阳能和风能的使用上处于世界领先地位，退耕还林还草工程也成果丰硕。

还有一些学者认为，"以人民为中心"的中国式现代化，也体现在人民享有各项权利上。罗德里格斯指出，在资本主义社会，所有的社会关系都是商业化的，倡导个人主义、剥削和社会达尔文主义，而中国追求的是另一种社会和经济模式，强调医疗、教育、文化等不是可交易的商品，而是属于人民的权利。博隆指出，真正的民主和资本主义是一组对立关系。资本主义追求的是财富及其产生的特权，真正的民主追求的则是平等和公正。博隆强调，中国民主的特点是一切权力属于人民，且拥有广泛的参与度。"中国的政治体制形式，符合拥有数千年历史的华夏民族的历史发展特点，也符合中国建设社会主义的革命进程，能有效保障每一位中国人享有基本人权，能确保中国抗击贫困，在卫生、教育、住房、文化等领域投入大量资源，以增进中国人民的物质和精神福祉。"

三、中国式现代化的世界意义：走和平发展道路的现代化

随着中国国际地位的提升，中国式现代化开始在全球拥有广泛的影响力。拉美学者普遍认为，中华民族是一个爱好和平的民族。中国在历史上从未恃强凌弱、侵略他国，如今更是世界和平的坚定维护者和积极倡导者。而中国的现代化进程，不仅让中国获得了持续稳定的发展，而且为拉美地区的广大发展中国家带来了更多的发展机遇。

许多拉美学者充分肯定中国在推进现代化进程中，增强了对世界的影响力。资深外交官、阿根廷国际问题专家迭戈·盖拉尔得益于工作经历，近距离观察了拉美国家、欧美国家和中国近30年来发生的深刻变化。他得出了这样的结论："毫无疑问，作为发展中国

家的'领头羊'，中国将引领 21 世纪。正如 19 世纪是属于英国的世纪、20 世纪是属于美国的世纪一样，21 世纪是属于中国的世纪。"盖拉尔的观点代表了拉美学界的普遍看法。智利经济学家、联合国拉丁美洲和加勒比经济委员会国际贸易与一体化司前司长奥斯瓦尔多·罗萨莱斯认为："中国经济的迅猛发展正在重塑未来几十年的全球格局。这一现象，连同技术革新和气候变化，将决定 21 世纪的世界。"联合国拉丁美洲和加勒比经济委员会前执行秘书阿莉西亚·巴尔塞纳指出，进入 21 世纪以来，"我们逐渐形成了这样一个共识，即在面对国际事务中每个重要议题时都需要评估中国的影响，如世界经济的发展和国际贸易的增长、颠覆性技术的革新、气候变化、维护多边主义等，都越来越依赖于中国所采取的政策"。阿根廷地缘政治研究所所长鲁文·达里奥·古塞蒂指出："21 世纪初，全球经济的重心已经从西方转移到东方。这种转变的核心力量就是中华人民共和国。中国正在引领一场真正的革命，这场革命不仅惠及中国人民，大大提高了人民的生活质量，还在国际层面产生积极影响。中国提出了一系列基于合作、团结和互利的强调人类共同利益的倡议，旨在造福全人类，而非少数特权阶层。"

近些年来，中国积极参与全球治理，提出诸多有利于全球发展的新理念和新主张，还提出共建"一带一路"倡议，为全球合作搭建公共平台，积极探索多边合作和共同发展的新路径。"一带一路"倡议，得到拉美国家的积极响应。截至 2022 年 12 月，拉美与加勒比地区共计 21 个国家已同中国签署共建"一带一路"合作文件。"一带一路"倡议，已经成为加强中拉合作、推动构建中拉命运共同体的重要纽带。哥斯达黎加学者、拉丁美洲社会科学院国际合作与研究部主任塞尔希奥·里维罗·索托回顾 20 多年来中拉关系的发展历程，指出中国在国际舞台上的崛起带来了发达国家与发展中国家关系的新变化，南北关系得以重塑。中拉关系在进入 21 世纪后，不断向纵深发展。他认为："中国的经济活力推动了拉美地区的发展，并在某种程度上缓解了 2008 年全球经济危机和当下新冠疫情带给拉美的重创。"中拉关系进一步密切，从经济层面拓展到社会、政治、文化等多个领域。习近平主席提出的人类命运共同体理念的核心是共享发展与繁荣，"可视为中国新时代的哲学与政治基础，而'一带一路'就是实现人类命运共同体的'工具'"。他还强调，"一带一路"提供了一种不同于以往的国际合作框架，摒弃零和博弈思维，秉持自愿、平等、开放、包容等原则。多年以来，美国保护主义对拉美国家的经济增长及国家发展构成了严重威胁。而中国推行的合作计划为拉美国家提供了具有可行性的选择。卡茨认为，"一带一路"倡议是"在世界范围内具有重要意义的倡议，将给全球经济带来一场变革"，有利于促进各国的文化交流，增强各国人民之间的友谊，有助于"在世界各地加速发展生产力，公平的分配制度也将为人们在当地安居乐业奠定基础"。索特雷在其专著《走近"一带一路"》中，梳理了中国与拉美在"一带一路"框架下的合作机制、取得的成就及面临的挑战。他指出，"一带一路"倡议秉持的合作共赢、共同发展与多边主义等理念符合时代潮流，积极推动了包括拉美在内的发展中国家的发展，惠及多国人民。从某种意义而言，"一带一路"倡议是中国共产党坚持"人民至上"这一思想在国际层面的投射。

近一年来，中国提出的全球发展倡议和全球安全倡议，也得到了拉美学界的关注。古塞蒂在乌克兰危机背景下，重新审视战争、和平、发展及地缘政治格局之间的关系，指出中国提出的全球发展倡议和全球安全倡议，与此前中国倡导的人类命运共同体理念以及全人类共同价值等一脉相承，都体现了中国共产党的对外政策，以及中国作为大国的国际责任感。"世界如何才能在和平中发展？就此而言，所有期待的目光都集中在中国身上。为了发展，我们需要和平。为了巩固和平，我们需要发展。而且，我们需要像中国这样的新兴力量继续和平发展，并为各国紧密交织互联的世界持续注入更多的和平与发展的力量，与美国等西方资本主义国家抗衡，帮助广大发展中国家摆脱困境，共建一个同享和平、共谋发展、远离战争的世界。"

还有一些拉美学者对中西方现代化模式进行了对比研究，从这个角度解读中国式现代化的世界意义。阿根廷知名中国问题专家、国会大学研究员古斯塔沃·伍，对中共二十大报告中提到的中国式现代化进行了解读。他指出，西方人读到中国要"迈上全面建设社会主义现代化国家新征程"时，或许会陷入困惑："一个多世纪以来，我们西方一直在探寻如何摆脱现代化带来的种种弊端。如今，在许多方面都处于领先地位的中国，为何要寻求现代化？难道中国在这方面还很落后吗？"换言之，当西方社会已深陷现代化的多重困境，已经开始探讨后现代时，中国却将现代化置于未来的语境，将之视为奋斗的方向，这的确引人深思。他认为中国式现代化是一场涉及14亿多人口的、旨在实现全中国人民共同富裕的现代化，而非西方语境中的现代化。

　　拉美学界对中国式现代化的认知，经历了一个不断深化的过程，其研究从聚焦经济建设，逐渐拓展到对社会、政治、生态环境等多领域的中国式现代化的关注。大部分拉美学者认为，中国式现代化不同于西方发达国家的资本主义现代化，是一种具有中国特色的社会主义现代化。中国式现代化为发展中国家实现现代化提供了新的借鉴，贡献了基于本国实际、自主探索现代化的发展经验。中国的现代化进程表明，中国在复杂的国际形势下，不仅能继续发展国内经济，保障和提升本国人民生活水平，而且能积极参与国际合作，给深陷多重危机的世界注入确定性和稳定性，为广大发展中国家增添希望和信心。正如卡茨所言："世界上那些欠发达国家和地区的人民生活条件滞后，他们所属的经济社会体系在当前的发展阶段已无力解决那些严重困扰人类的问题。他们正用满怀希冀的目光注视着中国的发展之路。毋庸置疑，社会主义制度和资本主义制度分别为人类的未来绘制了截然相反的前景。"

　　　　　　　　　　　　　（《国外理论动态》2023 年第 1 期）

近年来国外学者和媒体关于中国式现代化的研究和解读

李函珂

2020 年 10 月 29 日，习近平在党的十九届五中全会第二次全体会议上指出："中国式现代化既切合中国实际，体现了社会主义建设规律，也体现了人类社会发展规律。我国要坚定不移推进中国式现代化，以中国式现代化推进中华民族伟大复兴，不断为人类作出新的更大贡献。"2021 年 7 月 1 日，在庆祝中国共产党成立 100 周年大会上，习近平总书记进一步指出："我们坚持和发展中国特色社会主义，推动物质文明、政治文明、精神文明、社会文明、生态文明协调发展，创造了中国式现代化新道路，创造了人类文明新形态。"中国式现代化这一重大命题的正式提出和深刻阐述，引发了学界和社会普遍热议。近年来，国外学者和媒体也纷纷就中国式现代化展开研究和解读，产生了不少成果。这些成果，作为"他山之玉"，有助于我们回答好现代化之问，加深对中国式现代化内涵、外延、特征、意义等的理解，为推进相关研究提供借鉴。

一、关于中国式现代化的生成背景

中国式现代化作为中国共产党治国理政的一个新概念，其生成背景引起国外人士的浓厚兴趣。近年来，国外学者和媒体从现实和理论两方面，就此问题进行了研究和解读。

（一）关于中国式现代化的现实背景

以中国特色社会主义进入新时代为背景，一些国外人士分析了中共十八大以来中国社会主义现代化建设的实践成就。法新社发文指出，"在过去十年中，中国在民生保障领域完成了脱贫攻坚，解决了绝对贫困"，衡量居民生活水平的"城镇居民及农村居民人均可支配收入"以及"居民的汽车拥有量和手机持有率"均实现了较大增长，同时，"航天事业也取得一系列成就，高铁营业里程和民用机场总数都得到了提升"。越南通讯社发文认为，中国在新时代十年中的快速发展，是中国作为世界第二大经济体在以习近平同志为核心的中共中央领导下取得的社会主义现代化建设成就的事实见证。非洲媒体沃尔塔传媒公司发文指出，中国"取得了人类历史上前所未有的经济、科技等领域的胜利"，"正在树立更清晰的愿景和目标，并越来越意识到其现代化不会是西方的翻版，中国式现代化道路行之有效"。

以向第二个百年奋斗目标迈进的新征程为背景，一些国外人士将关注重点转向了中国实现第一个百年奋斗目标后的现代化。例如，中共二十大召开后，有南非大学学者认为："中国式现代化这个定义中国复兴之路的关键术语，首次被写入中国共产党全国代表大会的报告"，成为全面推进民族复兴的重要抓手。越共中央总书记阮富仲指出，中国式现代化是"有力推进党的建设新的伟大工程，如期完成中共二十大提出的各项目标任务，胜利实现把中国建成富强、民主、文明、和谐、美丽的社会主义现代化强国的第二个百年奋斗目标"的必由之路。

同时，国外人士也看到当前中国仍面临一些考验和挑战。例如，有学者称，中国已经取得举世瞩目的发展成就，但"中国未来经济增长可能受到各种因素影响"。还有学者认为，"以美国为首的北约认为中国是其扩张主义野心的障碍"，中国式现代化是"在地缘政治形势严峻的国际背景下提出的，全球通胀正达到新的高度，全球政治平衡正在重置，而单边主义趋势加剧了这两种不平衡"，在这种情形下，"中国面临的挑战和压力"将会"越来越大"。

（二）关于中国式现代化的理论背景

在中国式现代化的理论背景方面，国外人士比较有代表性的观点是：中国共产党人在守正创新中形成了中国式现代化理论。由于可供借鉴，发展中国家媒体普遍对中国式现代化理论表示认同和赞赏。2022 年 10 月，拉丁美洲"南方电视台"发文称，从农业现代化、工业现代化到"四个现代化",从小康社会到全面建设社会主义现代化国家,"中国共产党的成功离不开他们所坚持的世界观和方法论,基于新中国成立以来73年的国家建设经验,中国共产党精心制定国家发展的长期计划,让中国成为世界主要经济体之一"。这体现出发展中国家对于中国实行有计划的稳步发展战略的关注,表达了他们对中国式现代化理论形成的长期过程的认识。也有学者重点关注了中共二十大报告对中国式现代化的新表述,认为中共二十大"阐明中国式现代化,是为未来五年及以后的中国现代化规划路径、奠定基础"。还有国外学者对中国历届党和国家领导人关于社会主义现代化建设的论述进行了具体分析。

国外学者以"共同富裕"为例,从共同富裕的角度,对中国的现代化理论发展进行了历史回顾。有学者认为,对共同富裕的追求贯穿了中国式现代化的发展历史,"中国的共同富裕理念可追溯到1953年,1979年后中国选择让一部分人先富起来,以加速经济发展,而从2020年开始,政府又采取了强有力的行动,打击资本的无序扩张、垄断、投机行为"。有学者认为,"小康社会"是极具中国特色的中国式现代化概念,自1979年邓小平同志首次以"小康"表述中国的现代化建设目标以来,"小康社会"就成为现代化的一个理论支点,一代又一代的中国共产党人也接连将其丰富发展后作为社会主义现代化建设的重要目标,有着独特历史意义和实践价值。

二、关于中国式现代化的内涵和特征

党的二十大报告指出:"中国式现代化,是中国共产党领导的社会主义现代化,既有各国现代化的共同特征,更有基于自己国情的中国特色。"对于中国式现代化的鲜明特征,二十大报告从五个方面进行了归纳:中国式现代化是人口规模巨大的现代化,是全体人民共同富裕的现代化,是物质文明和精神文明相协调的现代化,是人与自然和谐共生的现代化,是走和平发展道路的现代化。国外学者和媒体对于中国式现代化内涵和特征的关注,也主要围绕这些方面展开。

(一)关于领导力量:"中国式现代化,是中国共产党领导的社会主义现代化"

中国共产党是中国式现代化的领导核心,是国外人士的共识。意大利学者指出,"中国式现代化是中国共产党领导中国人民进行的社会主义现代化建设,只有支持和加强中国共产党的全面领导,中国式现代化才能沿着正确方向前进"。有学者在尼日利亚《领导报》刊文指出,在中国式现代化实践中,"中国共产党的领导是中国创造奇迹的关键",从民生改善到太空探索、从经济发展到基础建设,中国在各个领域都取得了长足的进步,"在中国共产党的领导下,中国正以创新的方式实现现代化,推动国民经济朝着更加公平的方向发展,并致力于维护世界和平、促进共同发展"。

对于中国共产党如何在社会主义现代化进程中始终成为坚强领

导核心，如何始终保持自身不变色、不变质、不变味，如何跳出"历史周期率"，如何持续和更好地领导推进中国式现代化，也是国外人士关注的问题。美国亚洲协会政策研究所学者发文表示，"毛泽东关注如何防止党脱离人民、官僚化和腐败的问题，他对这种困境的回应是'人民监督'，习近平则以'自我革命'学说的形式作出进一步回答"。这彰显出在领导中国人民以中国式现代化全面推进中华民族伟大复兴过程中，中国共产党作为领导力量自我净化、自我完善、自我革新、自我提高的政治勇气。不少学者对中国共产党以反腐为重要内容的自我革命表示肯定，认为"反腐倡廉是自我革命最彻底的方式"。还有学者把中国的反腐与西方相比较，认为绝大部分西方国家已将"精英统治下的腐败问题制度化"，这种制度性的腐败将更难根治。

（二）关于现实国情："中国式现代化是人口规模巨大的现代化"

中国 14 亿多人口整体迈进现代化社会，"规模超过现有发达国家人口的总和，艰巨性和复杂性前所未有，发展途径和推进方式也必然具有自己的特点"。国外人士普遍认为，人口众多、幅员辽阔是中国的基本国情。在现代化的发达经济体中，欧盟有 4 亿多人，美国有 3 亿多人，日本有 1 亿多人，至今全球实现现代化的国家总人口不到 10 亿人。国外有媒体表示，"中国是世界人口最多的多民族的统一国家，世界上超过五分之一的人口是中国人"，"实现一个拥有 14 亿的超大规模人口国家的现代化，是复杂且艰难的、是独一无二的"。在世界上最大的发展中国家实现现代化，人类历史上没有先例可循，其难度可想而知。有国外学者表示，"中国大规模现代化（人口和土地面积）的模式让全体中国人民参与并受益"，"中国在人口众多的情况下前所未有地推动国家现代化，为我们提供了启示"。无可置疑，中国式现代化为许多国家特别是人口众多的发展中国家，探索适合自身国情的现代化方案，提供了重要借鉴。

人口规模巨大的中国努力推进现代化，不仅为人类实现现代化提供了新方案，而且为世界发展提供了新机遇。一些国外人士重点关注了，中国人口规模巨大的现代化将为世界发展带来的深刻影响。例如，有阿根廷企业家认为："一个拥有14亿多人口的现代化国家不仅有巨大的消费潜力，也将拥有聚合全球供应链的超强能力。"有学者表示，"拥有14亿消费者的现代化国家将是值得关注的市场，中国仍在增长的消费阶层将是全球增长的引擎"。中国式现代化将使中国人民生活水平实现大幅跃升，这一"亚洲巨人"的现代化释放的消费需求，将为世界经济的发展提供强劲动力，也将进一步坚定国外企业深耕中国市场的决心。

（三）关于价值取向："中国式现代化是全体人民共同富裕的现代化"

共同富裕是中国特色社会主义的本质要求。中国式现代化，"坚持把实现人民对美好生活的向往作为现代化建设的出发点和落脚点，着力维护和促进社会公平正义，着力促进全体人民共同富裕，坚决防止两极分化"。有国外学者认为，对于共同富裕的追求，体现了中国式现代化的社会主义价值取向。西方现代化建立在资本积累基础上，生产发展的过程也是贫富分化加剧的过程，但中国式现代化与西方现代化所呈现出的以资本为中心、以市场为中心、少部分人占有大多数利益等特征有本质区别。有剑桥大学学者认为，在共同富裕方面，"西方式的经济全球化发展正在导致许多国家的不平等现象加剧，但如果中国的基尼系数与美国变得差不多，这在社会主义国家是不能接受的，在中国式现代化有关共同富裕方面内涵的影响下，一场关于如何减少不平等的辩论已经开始"。

事实上，西方资本主义的现代化在本质上并不为大多数人谋利益，在根本上没有意愿去限制资本的扩张，这将导致富人能够无限致富，劳动人民却无法从经济发展中真正受益。中国在社会主义市场经济体制下，坚持以公有制经济为主体，社会创造价值的主要部分由国家代表人民进行调节，这为实现共同富裕提供了制度保障。有国外人士指出，中国共产党领导推进中国式现代化，始终具有确保包容性增长、有利于人民和限制资本野蛮状态的决心。也有国外人士表示，联合国提出到 2030 年全球消除极端贫困的愿景，中国却提前 10 年便已按国际标准实现，战胜绝对贫困的成就举世瞩目，这便是坚守为人民谋幸福初心的体现。美国华盛顿特区中美研究所学者发文指出，"如果中国能够找到成功解决共同富裕问题的方法，就像中国战胜绝对贫困一样，那更公平、更包容的中国式现代化将产生巨大的全球影响"。中国式现代化这一体现社会主义本质要求的追求共同富裕的现代化，将全面超越明显具有制度局限性的西方资本主义现代化。

（四）关于文明特质："中国式现代化是物质文明和精神文明相协调的现代化"

"物质富足、精神富有是社会主义现代化的根本要求。物质贫困不是社会主义，精神贫乏也不是社会主义。"中国共产党领导推进的中国式现代化，始终坚持"不断厚植现代化的物质基础，不断夯实人民幸福生活的物质条件，同时大力发展社会主义先进文化，加强理想信念教育，传承中华文明，促进物的全面丰富和人的全面发展"。

关于中国式现代化的这一特征，最能代表物质文明发展水平和现代化水平的经济指标，受到了国外人士的持续关注。有国外媒体表示，"中共十四大报告中，'经济'一词被提及197次；到2017年习近平作的中共十九大报告，这个数字已经下降到71次；而在提出'中国式现代化'的中共二十大报告中，'经济'仅被提及61次，这似乎意味着中国共产党现在追求的是'合理的增长率'"。正如其所说，目前中国经济追求的是高质量发展。这不仅体现在中国重视经济发展速度，而且更加重视发展质量，重视精神文明与物质文明相协调。西方的现代化道路曾不惜代价地追逐经济增长，资本逻辑下工具理性和价值理性的失衡，导致人精神世界的麻木和缺失；而中国式现代化追求物的全面丰富和人的全面发展，将竭力警惕和避免不平衡所引发的种种问题。有非洲媒体发文表示，"物质文明与精神文明相协调的现代化道路是中国未来几十年的又一条关键道路"，中国式现代化要求"物质基础和思想文化都要实现现代化"。正是由于正确把握了物质文明和精神文明的辩证统一关系，中国式现代化才更为全面、有序、均衡。

（五）关于生态理念："中国式现代化是人与自然和谐共生的现代化"

中国式现代化坚持人与自然是生命共同体的理念，"坚持可持续发展，坚持节约优先、保护优先、自然恢复为主的方针，像保护眼睛一样保护自然和生态环境，坚定不移走生产发展、生活富裕、生态良好的文明发展道路，实现中华民族永续发展"。国外人士高度关注中国式现代化所践行的人与自然和谐共生发展理念。西方现代化的资源消耗给世界带来至今都无法消解的生态危机，"美国占世界人口的 4.2%，却占世界碳排放量的 13%，人均化石燃料二氧化碳排放量为 13.7 吨，是全球平均水平的三倍，尽管美国制造业的很大一部分已经转移到中国，但其人均碳排放量仍比中国高出 67%"。如果发展中国家以美国作为现代化的标准，地球的自然资源将很快不堪重负。美国《每月评论》刊文指出，"目前为止，威胁人类的两次全球生存危机，其起因均是资本主义及其在有限的全球环境中对资本积累和帝国权力的非理性追求。应对这种无限威胁的唯一可能途径，便是一场植根于生态领域的普遍革命运动，以摆脱当前资本主义对地球及其居民的系统性破坏，并提供一个具备实质平等和生态可持续的世界作为替代方案，即社会主义"。有国外政要人士指出，"不仅仅是实现现代化，中国实际上正在克服西方现代化的后果和错误，这意味着中国正在为全世界树立榜样"。

资源有限性和发展无限性之间的张力，警示着中国式现代化不能复刻西方现代化，而要关照世界的永续发展。美国消费者新闻与商业频道报道指出，"中国在过去 10 年中将碳排放强度降低了 34.4%，中国已宣布其目标是在 2030 年达到碳排放峰值"，"习近平在讲话中强调了生态环境方面中国式现代化的关注"。有柬埔寨学者分析，"环境保护已被纳入中国式现代化的社会经济发展计划中，能看到中国共产党决心带领中国人民走高质量、可持续发展的现代化道路，在发展经济的同时保护生态环境"。倘若依照西方现代化道路的叙事逻辑，全球绝大多数发展中国家是无法实现现代化的，"但是，中国探索出了人与自然和谐共生的现代化道路，既不掠夺其他国家，也不掠夺自然，在过去的十年里，在令人惊讶的短时间内，中国在扭转工业化不可避免的历史后果方面领先于世界"。

（六）关于外交方略："中国式现代化是走和平发展道路的现代化"

中国始终"坚定站在历史正确的一边、站在人类文明进步的一边，高举和平、发展、合作、共赢旗帜，在坚定维护世界和平与发展中谋求自身发展，又以自身发展更好维护世界和平与发展"，坚决"不走一些国家通过战争、殖民、掠夺等方式实现现代化的老路"。走和平发展道路的现代化，作为中国外交方略的具体体现，受到国外学界和国际社会的广泛关注。有学者表示，中国式现代化"不同于西方通过殖民扩张实现的现代化，而是基于独立自主、和平道路、国际合作的现代化，将创造新的现代化历史"。《日本经济新闻》刊文认为，"中国不会选择过去西方国家的现代化道路，这些国家依靠战争、殖民、掠夺实现发展，为发展中国家带来不幸"。

带有剥削压迫色彩的发展方式，必然构建出依附和从属的不平等关系，相较于给世界带来战争与侵略的西方现代化，中国式现代化坚持马克思主义对人类未来的整体关怀。有南非学者指出，在中国式现代化的道路上，"中国帮助发展中国家建立和发展技术能力，同时，其签署的倡议将确保这些国家实现技术独立，从而减少（如果不是消除）对西方的过度依赖"，走和平发展的现代化道路，建设一个更加美好、更加和平的世界，"中国共产党指明的友好关系是值得认真考虑的"。同时值得注意的是，国外学者认为中国式现代化对"安全"也格外强调。有学者指出，"安全这个关键词在中共二十大报告中被提及的次数，与十九大报告相比有了显著提升"，但是，西方并不应将这种趋势当作一种威胁进行扩大化。无论是面对严峻复杂的国际形势，还是出于和平时期防患于未然的考虑，中国式现代化都格外重视国家安全。国外学者认为，"中国共产党强调安全，不是为了狭隘的国家霸权，而是为了世界各国人民的生存和发展，为了人类更加美好的未来"。

三、关于中国式现代化的世界性价值和意义

随着中国综合国力的日益提升，中国式现代化对于世界的影响必将日益增强。国外学者普遍认为，"中国式现代化"是具有世界影响力的新命题，其理论与实践将创造新的现代化历史，具有重要的世界性价值和意义。

（一）证明了世界各国可以基于自身实际选择适合自己的现代化道路

中国式现代化用无可辩驳的事实证明，世界各国拥有平等的走向现代化的机会和权利，可以基于自身实际选择适合自己的现代化道路。

学者们普遍认为，中国式现代化正用实实在在的现代化建设成就，打破西方对现代化权利的垄断，用实践证明现代化并不等同于西方化。有意大利学者明确指出，"长期以来，人们一直有一个神话，即现代化等于西方化，但是事实上，西方化只意味着自由资产阶级意义上的技术统治、市场贸易的提升以及独立政治概念的废除，这预示着废除与政治、宗教、民族和人道主义理想相关的每一种形而上学价值"。有美国学者认为，中国式现代化正试图建立一种不同于美国主导下的国际体系的新秩序，"我们看到中国人正在努力说，'我们仍然想参与这个全球社会，但我们想成为规则制定者，而不仅仅是规则接受者'"。

中国式现代化打破了许多国家对西方现代化模式的迷思，证明了发展中国家可以选择适合自身的现代化道路并取得成功。在西方中心主义的视野中，"现代化"需要通过暴力征服、殖民主义来进行"原始积累"，而中国用事实为发展中国家争取了以和平方式平等独立实现现代化的权利和机会。有学者强调，"中国式现代化所颠覆的假设是，通向现代化的道路只有一条，即资本主义和西方式的自由民主"。与西方现代化不同，中国式现代化不通过暴力强加自身模式给世界，而是努力为其他国家实现现代化提供可资借鉴的智慧和方案。有南非学者指出，"只有通过探索和反复试验，一个国家才能选择自身的现代化道路，这才是务实的，中国自身现代化建设的成功令人信服地提醒人们，实现现代化的道路不止一条，每个国家都有权利根据自身历史、文化、经济等具体因素，选择自己的现代化道路"。还有学者认为，"中国提出的现代化道路是西方霸权主义和帝国主义的替代方案"，"中国式现代化挑战了西方对于现代化的傲慢态度，中国认为发展中国家可以拥有自己的现代化模式，而不是西方强加给它们的模式，这是一种重视独立性的发展道路"，也有力地揭穿了"西方认为实现现代化的方式别无选择"的谎言。

（二）为发展中国家走向现代化提供了路径参考

中国共产党领导中国人民探索出的中国式现代化道路，为在现代化道路上步履蹒跚的发展中国家提供了新的路径参考。学者们表示，中国提供的有别于西方特别是美国现代化的新路径新模式，为发展中国家走向现代化提供了道路借鉴。例如，在外交方面，中国式现代化坚决反对"国强必霸"的霸权主义的西方现代化模式，倡导"和平共处""互利共赢"的发展道路。有俄罗斯学者表示，"中国从未试图发动新的冷战，中国不是在寻求全球领导地位，只是想在没有外部干扰的情况下实现现代化，而在这个过程中，中国不会争霸，也不会扩张边界"。

与零和博弈思维不同，中国式现代化支持国际合作，主动向世界提供公共产品，积极对外援助，支持其他发展中国家脱贫减贫、提升发展水平、促进教育公平、改善基础设施，走的是人类同发展、共命运的新道路。中国没有侵略其他国家，没有掠夺其他国家的资源和财富，也没有向其他国家输出难民，而是以自身的发展造福本国人民和世界人民。在经济方面，世界现代化道路上从未有把社会主义和市场经济成功结合的先例，富有活力的社会主义市场经济体制极大解放和发展了生产力。由于在社会主义条件下，这种生产力是为人民服务的，世界历史上也出现了从未出现过的大规模贫困减少和消除。

（三）开创了有巨大吸引力的人类文明新形态

中国式现代化是物质文明、政治文明、精神文明、社会文明、生态文明协调发展的现代化，代表了一种全新的人类文明形态。国外学者们认为，中国式现代化在不断向世界展现中华文明独特魅力的同时，也给世界现代化提供了新的文明维度。中国式现代化蕴含了中华文明源远流长的独特智慧，也拥有着马克思主义宽广宏深的世界历史视野。有国外学者指出，"当代中国领导人不仅坚持共产主义思想，还受到中国悠久历史文明的影响。对他们来说，政治决策的成败是在中国几千年的历史背景下评判的"。也有学者表示，"中国提出的问题是：中国式现代化是什么？中国得出的答案是，其现代化所要抵达的彼岸并非简单地达到西方目前的发展水平，而是应当包含共同富裕等符合中国特点和现代化目标的因素"；"中国式现代化提出了和西方语境下的'现代化'大异其趣的命题"。中国式现代化"将为世界提供新理念、新思维和新目标"。还有学者从中国式现代化对世界发展和人类文明意义的角度指出，"如果中国成就突出，中国式现代化就会有巨大吸引力和学习效仿价值，中国会成为人类文明新形态的开创者之一"。

人类文明的发展是随着人类交往的扩大而不断形成、发展起来的，在人类文明体系中，各种文明都有自己的独特价值。中国式现代化在为世界其他国家提供现代化方案的同时，也提醒着身处不同文明形态中的国家重新审视自身的文明基因，努力走出适合自身文明体系的现代化道路。中国式现代化提供的不仅仅是具体的方案，更重要的是思路和希望。有南非学者指出，"中国通过中国式现代化道路实现复兴，将鼓励南非从自身价值体系中寻求解决方案"。只有不同国家、不同文明之间相互尊重、求同存异、取长补短、亲诚惠容，人类文明才能绵延不息、繁荣兴盛。中国式现代化以其在人类文明新形态方面的价值和影响充分证明："现代化，长久以来是西方的产物，但现在不再专属于西方。"

自"中国式现代化"命题正式提出后，国外学者和媒体对其投入了较高关注度，就此展开了研究和解读。这些研究和解读从内容上大致可以归纳为三个方面：一是探讨了中国式现代化提出的现实与理论背景。在现实背景方面，国外人士主要关注的是中国在新时代十年中所取得的巨大成就，及其对中国式现代化在理论和实践方面的影响；在理论背景方面，国外人士普遍认为，中国式现代化理论是对马克思主义关于现代化的理论的守正创新和继承发展。二是围绕中国式现代化的内容和特征展开讨论。国外人士基于自身立场和角度，结合党的二十大报告等最新文件和表述，对中国式现代化在领导力量、现实基础、价值取向、文明特质、生态理念、外交方略等方面的内涵和特征进行了阐释和解读。三是阐发了中国式现代化的世界意义。国外人士认为，中国式现代化为世界其他国家，提供了基于自身国情努力走出适合自己的独特的现代化道路的有力证明；为广大发展中国家实现现代化，提供了路径参考；同时以其在文明方面的价值，对人类文明走向更加美好的未来提供了深刻启示。

总体来看，国外学者和媒体的相关研究和解读为我们科学回答现代化之问，深化相关问题研究提供了启示。一是应进一步提升中国式现代化研究的学理层次。相关研究不能仅限于时事政治式的热点跟踪，更应沉潜下来，展开深度的学理分析，弄明白、讲清楚中国式现代化背后的道理、学理、哲理，深刻把握其历史逻辑、理论逻辑、实践逻辑。二是应进一步推进中国式现代化的整体研究。中国式现代化是系统性、综合性、全面性的有机整体，涵盖经济发展、政治实践、社会制度、民生保障、思想文化、生态环境、外交国防等诸多领域，需要运用联系的、发展的观点，整体理解、深刻把握。三是应进一步加强中国式现代化道路的国际比较研究。现代化有其发展的历史进程，每一个国家的现代化，都具有自身独特的理论和实践，应注重进行比较视角下的国家和地区间现代化经验的评判与反思，努力在比较和借鉴中进一步深化相关研究。

（《党的文献》2023 年第 2 期）

海外学者论中国式现代化的世界意义

王　峰

　　新中国成立以来，中国共产党领导中国人民用几十年时间走过了西方资本主义国家几百年的现代化建设历程，创造了世所罕见的中国发展速度，取得了举世瞩目的伟大成就，走出了一条符合中国国情的现代化道路。中国式现代化不仅在实践上推动了中国自身发展进步，而且深刻影响了世界现代化的进程，打破了"现代化就是西方化"的迷思，丰富了世界现代化的理论内容，创造了人类文明新形态。党的二十大报告指出："中国式现代化，是中国共产党领导的社会主义现代化，既有各国现代化的共同特征，更有基于自己国情的中国特色。"海外学者对中国式现代化世界意义的理解和认知，既有将中国置于世界范围内进行纵向的自身比较分析，也有将中国置于世界范围内进行横向的国别比较分析，从整体上给出了中国式现代化如何影响世界的观点。

一、推动中国自身发展与进步

中国式现代化从根本上改变了中国的命运，推动中华民族迎来了从站起来、富起来到强起来的伟大飞跃，以崭新面貌屹立于世界民族之林。中国坚定不移走好自己的发展之路，为复杂多变的世界注入稳定性和确定性，本身就是对世界和平与发展作出的最大贡献。

国际社会认为，在中国共产党领导下，中国人民团结一致，奋发拼搏，在东方大地上创造了人类历史上前所未有的发展奇迹，探索出一条从贫穷落后走向繁荣富强的正确道路。德国共产党认为，没有共产党就没有新中国，"在短短几十年的时间里，中国在中国共产党的领导下，从世界上最贫穷、最落后的国家之一发展成为一个相对发达的工业国家……中国战胜了饥饿和文盲，使数亿人摆脱了贫困，实现了妇女前所未有的解放，并创造了一个全面的社会经济基础设施，可以保证其人民过上体面的生活"。尤其是在近年来，"中国迅速崛起成为全球经济和政治强国……并正在成为世界领先的科技创新工业国之一"。埃及总统阿卜杜勒·法塔赫·塞西高度评价中国共产党成立 100 年来的历史成就，称"中国共产党成功地领导中国实现了民族独立，为现代中国奠定了基础，实现了与发达国家并驾齐驱的'中国经济奇迹'"。俄罗斯卫星通讯社刊文称，过去尤其是 2012 年以来，中国共产党领导下的中国取得了历史性的胜利。

"中国经济规模翻了一番，已经超过 114 万亿元人民币（按当时汇率计算约为 16 万亿美元）；消除了绝对贫困；人均收入也翻了一番，到 2021 年达到 11890 美元。"

国际社会也认为，中国式现代化立足中国实际，坚持问题导向，采取多种有效措施增进民生福祉和推动经济社会发展，实现了国家富强和人民富裕。"社会主义中国之友"网站联合主编卡洛斯·马丁内斯认为，"在实现消除极端贫困的历史目标后，中国的工作重心正在转向解决相对贫困、提高人均国内生产总值、减少地区和群体之间的不平等、实现生态可持续发展"。"中国在电动汽车、火车和公共汽车的生产和使用方面处于世界领先地位。世界上大约 99% 的电动公交车在中国，世界上 70% 的高铁也在中国"，这些举措推动了中国社会的发展，极大地改善了民生福祉。这些翻天覆地的变化使人们认识到，生活在中国就是生活在一个比地球上任何其他地方发展更快、变化更大的国家。

二、为经济全球化提供新机遇

中国是世界的中国，中国的发展与世界紧密相连。中国式现代化不仅推动了中国自身的发展进步，而且为世界和平与发展提供了新的发展机遇。

国际社会认为，中国式现代化的鲜明特点是通过国家力量实施重要发展战略，这不仅密切了与世界主要经济体的联系，促进了各国经济的互联互通；而且创造了大量就业机会，为相关国家经济可持续发展提供了新机遇。《巴基斯坦观察家报》刊文称："截至 2022 年 8 月，中国与'一带一路'沿线伙伴货物贸易额约 12 万亿美元，中国对沿线国家非金融类直接投资超过 1400 亿美元。在'一带一路'合作框架下，中国企业积极'走出去'，服务东道国发展建设。截至 2021 年底，中国企业在合作国家境外经贸合作区投资超过 430 亿美元，为当地创造就业岗位超过 34 万个。"在加拿大政治学家亚历山大·奇普曼·科蒂看来，中国的共同富裕政策为外商投资创造了巨大机遇。共同富裕的目标是减少不平等和提高中国人民的生活质量，这会为相关行业带来发展机会。中国经济未来最大的增长点将出现在医疗卫生行业，除了医疗设备、制药和老年护理等传统行业外，数字医疗保健和生物技术等新兴领域可能会出现巨大商机。从中国政府公布的相关报告可知，中国还致力于建设安全健康的发展环境，将会重点投资环境治理、可再生资源开发利用以及绿色技术等领域，这将为积极采用可持续发展理念的企业创造有利的投资机会。

国际社会普遍认为，中国式现代化不仅推动了中国自身高质量发展，而且为世界现代化进程注入强大动力，为世界经济发展作出了重要贡献。南非大学姆贝基非洲领导力研究院高级研究员谭哲理认为："中国通过现代化的发展，为大多数发展中国家提供了发展机会，使它们有机会实现现有技术和生产体系的改进和提升。""中国现代化将为发展中国家和世界带来机遇。""这些机遇将造福世界，尤其是包括南非在内的南南合作成员。"巴西国际关系中心高级研究员塔蒂亚娜·罗西托认为："中国在某种程度上塑造了过去 20 年的世界。中国对商品的巨大需求，使许多国家受益；中国自身的商品生产，使世界经济在没有通货膨胀的情况下增长；中国发挥着生产链中心的重要作用，特别是在电子领域……"澳大利亚墨尔本大学经济系教授郜若素认为，中国已经成长为一个庞大的经济体，经济增长的速度和质量会对世界各国人民产生影响，庞大的经济体量足以对发达国家彼此之间、发达国家与发展中国家之间的交往方式以及世界各国的政治组织理念和规范产生影响。

三、为构建国际新秩序提供新力量

当今世界正在经历百年未有之大变局，人类社会面临前所未有的挑战。中国作为世界第二大经济体和联合国安理会常任理事国，主动承担起负责任大国应有使命，推动国际秩序和治理朝着公正合理的方向发展，为全球和平与合作作出重大贡献。

中国为构建新型国际关系提出新方案、新倡议，以大国担当积极推动建设人类命运共同体。德国墨卡托中国研究中心前研究员雅各布·马德尔认为，"中国在国际事务中正发挥着比以往更加积极的作用"，"构建人类命运共同体是在培育一种新型国际关系，这是中国特色社会主义进入新时代后中国外交政策发展的主要目标"。东日本国际大学客座教授西园寺一晃认为，大国的使命不仅是推动本国的建设和发展，而且要关心整个国际社会的稳定和繁荣。"从这个意义上说，习近平主席倡导的'人类命运共同体'将成为未来时代的指南。"伊斯兰堡战略研究所研究员尼姆拉·沙基尔指出，"人类命运共同体"是回答时代问题的理念，是解决世界问题的中国方案和中国大国外交理念的重大创新。"中巴经济走廊和'一带一路'建设，正在通过合作共赢的方式将沿线各国人民联合起来，共同发展，共享利益，为全球落实 2030 年议程作出了积极贡献。这也是中国提出构建'人类命运共同体'的初衷。"

中国积极参与全球治理体系改革和建设，为维护世界和平稳定、推动全球治理公平合理发挥了积极作用。《巴基斯坦观察家报》刊文指出："自 1990 年首次参加联合国维和行动以来，中国军队先后参加联合国维和行动近 30 次，出动维和官兵 5 万余人次。中国维和官兵足迹遍布柬埔寨、刚果民主共和国、利比里亚、苏丹、黎巴嫩、塞浦路斯、南苏丹、马里、中非共和国等 20 多个国家和地区。他们为促进和平、解决争端、维护地区安全稳定作出了重要贡献。"法国国际关系研究所亚洲研究中心中国研究部主任马克·朱利安尤其关注，在维护国际社会和平与安全方面，中国提出的主权平等、和平发展等国际关系理念是对世界发展作出的重要贡献。以《联合国宪章》为宗旨，中国倡导主权平等、不干涉别国内政、和平共处等原则，积极推动联合国及联合国安理会的发展与改革。

四、丰富了世界现代化理论内涵

中国式现代化是立足于中国国情的伟大实践和理论创新，具有鲜明的中国特色。中国式现代化取得巨大成功，有力地证明了现代化并非西方化，创造了人类文明形态。

中国式现代化坚持市场在资源配置中起决定性作用和更好发挥

政府作用，提升了国家创新能力，推动了经济社会发展。德国共产党教育委员会委员理查德·霍曼认为，不同于西方的自由市场主义，中国在现代化的进程中探索出的国家监管与市场自由相结合的社会主义市场经济模式显现出了巨大的生命力。"在新时代的中国，国家增加了对市场和经济的宏观调控。党和国家的意旨通过党组织对企业决策形成影响。"中国正在集中精力"通过人工智能和大数据处理进一步提高经济规划和社会管理的效率"。意大利中国问题学者加布里埃尔·阿尔贝托认为，"企业改革创新是中国式现代化道路的重要驱动力"，"一方面是国家主导的产业发展导向型政策，另一方面是以市场为主导的经济发展方式，两者之间复杂而不断演变的相互作用，构成了中国独特经济模式的本质"。

中国式现代化始终坚持以人民为中心的价值取向，将"共同富裕"的理念作为经济社会发展的指导原则，使不同群体都能享受到发展的红利，避免了西方现代化中的贫富差距问题。国际投资公司太盟集团（PAG）首席执行官单伟建认为，中国将大量财政预算投资到人民关心的基础设施建设方面，"在过去的15年里中国建设世界上最长的高速铁路系统，是世界上其他国家的总和的两倍。中国的高铁可以在大约4个小时内覆盖波士顿到芝加哥之间的距离，而美国铁路公司最快需要22个小时。中国能够在基础设施上投入如此之多，原因之一是中国将大量财政预算投资在民生而不是其他方面"。彭博社全球业务团队成员克里帕·贾亚拉姆等称："中国在短短七年内减少的空气污染量与美国在整整三十年中减少的空气污染量相当，中国帮助降低了全球平均烟雾水平。"

海外学者关于中国式现代化世界意义的观点，为我们提供了认识中国式现代化的"他者"视角，对我们正确认识中国式现代化的世界意义，在国际上更好地讲好中国式现代化的故事提供重要参考。

（《中国社会科学报》2023 年 3 月 30 日第 5 版）

国外学者对中国式现代化的认识与评析

刘　琪

现代化反映着世界发展的潮流，任何国家都不可避免地卷入这一过程，不管主动的还是被动的。在人类长达数个世纪的现代化发展历程中，欧美一直主宰着现代化的内容和方向。"西方中心论"思想曾盛极一时，资产阶级学者试图从理论上总结和概括西方发达国家的现代化进程，将其提升为普遍适用的模式，将西方国家、西方社会看作世界各国尤其是落后国家追寻的目标和模仿的典范。在现实实践中，一些发展中国家为达到强国富民的目的，也纷纷效仿西方国家的现代化模式。但从效果上看，照搬西方现代化模式的发展中国家，不仅没有实现本国现代化，反而陷入发展困境，迷失战略方向，"西方式现代化"道路光芒逐渐黯淡。在这样的背景下，中国式现代化新道路拓展了发展中国家走向现代化的途径，为人类现代化贡献了中国智慧和中国方案。因此，这条新的道路越来越引起国外学者的关注。

一、中国式现代化的客观存在逐渐得到认可

由于现代化浪潮起源于欧美诸国，其前期的辉煌成就让人们习惯性将现代化视为"西方化""工业化"。现代化理论家布莱克曾提出"'西方化'和现代化事实上无法区分"的观点。美国社会学家瓦尔马也认为，"工业资本主义是现代化的主要模式之一，是现代化社会的同义词"。挑战西方现代化道路的苏联式现代化最终退出历史舞台，也似乎佐证了西方资本主义现代化模式的"唯一合理性"。为此，国外质疑中国式现代化性质的舆论曾频频出现，有人称中国式现代化是"资本社会主义"属性的现代化，还有人将之判定为"国家资本主义""新官僚资本主义"等。

事实胜于雄辩，如今中国已成为世界第二大经济体，相比过去70年，中国的国内生产总值截至2021年已跃升至114.4万亿元，是1952年的1680多倍，人均国内生产总值也从119元提升到8.1万元。自2006年起，中国连续15年成为世界经济增长的最大贡献者。中国式现代化取得举世瞩目的成就，不仅赢得各国人士的赞许，也以铁一般的事实否定了国外学者对于西化是现代化发展的唯一模式的吹捧。中国开辟了与西方截然不同、独具匠心的现代化道路，既酌情于各国现代化的共同特征，更依附于本国国情的中国式现代化。

其现代化实现特征是人口规模巨大的现代化，是全体人民共同富裕的现代化，是物质文明和精神文明相协调的现代化，是人与自然和谐共生的现代化，是走和平发展道路的现代化。

中国式现代化取得的伟大成就，让一些国外学者确证现代化道路的多样性。意大利米兰大学教授艾伯特·马蒂内利对现代化道路多样性的问题表示包容与肯定，她认为，我们必须承认并尊重通往现代化的多元路径，以及对相似问题的不同应对方式，各国公民和政府应拥抱文化交流与文明互鉴。中国式现代化道路不仅打破了对西方式现代化的路径依赖，而且用事实宣告了"历史终结论"的破产，宣告了以西方制度模式为归宿的单线式历史观的破产。

西方现代化以私有化、自由化为基本特点，最大程度剥削劳工权益，追求利润最大化，其本质是资本主义现代化。而中国式现代化以实现全民福祉和社会繁荣稳定为导向，改变落后生产方式，推动建立以满足广大人民群众需求为目标，始终坚持和平发展道路，秉持人类命运共同体的博大情怀，实现社会主义与现代化、中国发展与世界进步、人类发展与自然和谐、物质丰裕与精神富足等多向度的有机统一，有效规避西方现代化进程中的固有风险，成功摆脱了西方现代化道路的内在困境，打破了"资本逻辑"为中心的物欲膨胀、贫富分化，转变了"零和博弈"的思维方式和"异质冲突"的文化观念，是西方现代化的超越，是世界现代化的典范。

中国式现代化新道路中共同富裕的指向，日益得到有识之士的认可和肯定。德国波恩应用政治研究院院长、德国联邦特别事务部前部长波多·洪姆巴赫对中国人民致力于现代化发展取得的成就充满敬佩并表示，中国为老百姓谋富裕，做出了不懈努力，取得了卓越成绩，让西方国家为之惊叹。俄罗斯科学院院士谢尔盖·Y.格拉济耶夫认为："中国所建设的全新治理体制，在意识形态上是社会主义体制，提高人民生活水平和质量是国家的首要任务。"澳大利亚阿德莱德大学教授蒂莫西·道尔教授认为，西方的现代化发展受到寡头势力的影响，相比之下，中国的现代化则是在壮大国家，努力提升每个人的成就感和满足感。

改革开放以来，共同富裕始终承载着中国共产党执政为民的初心使命，众多国外左翼学者的研究中也明确表示，共同富裕作为中国式现代化重要特征，亦是当下中国直面复杂现实问题的一次政策转变，也是社会主义发展的一个新阶段，抑或是新自由主义失败后的替代性方案。在国外学者审视下，共同富裕更将成为世界推广的可行性发展模式。而如今中国式现代化的发展从未改变这一信念，正如美国学者（比克鲁姆·吉尔）所说："共同富裕将是中国国家和社会治理的重要部分，中国正在承诺构建一个更加公平的社会。"

中国式现代化具有强劲的动力，将发展科技放在尖端位置，助力科技现代化创新自立自强。中国式现代化新道路欧洲国际中心欧洲—中国项目主任乔治·佐戈普鲁斯全面概括了中国式现代化瞩目成就，并对中国式现代化的未来发展寄予希望，他认为，"中国正在规划一条以科技和创新为基础的全新发展道路"。俄罗斯科学院世界经济与国际关系研究所副所长亚历山大·洛马诺夫认为，面对内外挑战，中国不可能一直作为"世界工厂"存在，但其以高等教育和雄厚人力资源的优势，努力参与高新技术领域的全球市场竞争。如今，随着中国经济向高质量结构转型，科技进步已成为国内生产总值增长的主要引擎。

据中国科技部披露的数据显示，中国科技进步贡献率已从 2001 年的 39% 一路飙升至 2021 年的 60% 以上；国际专利申请连续 3 年位居全球首榜，中国的科技水平与创新国家的差距正逐渐缩小。如今中国进入全球百强的科技集群数量已跃居全球第 2。同时，《2021 年全球创新指数报告》也呈现了中国所取得的显著成绩，中国较 2020 年榜单再次提升排名第 12，位居中等收入经济体之首。

不仅如此，在科技创新人才结构和质量的优化上，截至 2021 年底，中国技能劳动者已超过 2 亿人，高技能人才超过 6000 万人，中国的科技人才效能正持续增强，人才的创新智慧竞相迸发。巴基斯坦驻华大使莫因·哈克表示，已进入高质量发展阶段的中国更加重视创新、共享等新发展理念，这为中国经济发展注入了更多动力。"科技冬奥"向世界展现的中国创新力量，也给哥伦比亚国立大学前校长里卡多·莫斯克拉留下深刻印象，并高度评价："中国在 5G 通信、人工智能、量子技术等简短科技领域具有很强竞争力。此外，中国新冠疫苗得到众多国家认可，为抗击疫情作出巨大贡献，这些都体现了中国科技发展取得的巨大成就。""中国坚持将创新致力于现代化建设全局中的核心地位"也受到韩国西江大学技术经营管理学院院长丁有信肯定："中国正加速向科技创新强国迈进。"

二、对中国式现代化能否改写"强国必霸"的旧逻辑意见不一

改革开放以来，中国在现代化道路上迅速发力，"中国争夺世界主导权？""修昔底德陷阱"将在中国重演等舆论，也随之成为热议的话题。现实主义国际政治理论家汉斯·摩根索认为，国家强大了就不可避免地要争夺国际权力。根据冷战后国际形势提出"进攻性现实主义"的约翰·米尔斯海默也认为，大国间竞争的悲剧不可避免。长期研究中国军事的贝尔德莱国防战略研究所报告认为，21世纪中国军队的现代化进行了重大变革，在经济现代化的依托下，中国加速了武装部队的现代化，加强装备状态不仅通过武器系统和军事装备的现代化来实现，在改进战略和理论上也实现了突破，其军队的现代化正朝着建立一支能够控制东亚和东南亚海军带的方向发展。

为此，中国不仅被视为挑战者，而且被视为地区和全球秩序的修正主义者。美国前总统特朗普在首份《国家安全战略报告》中直接将中国定位为"战略竞争对手"。在美国的带领下，西方众多国家媒体借势摇旗呐喊。英国一些媒体则鼓噪所谓的"锐实力"，指责中国试图对其他国家的政界、媒体和学术界进行渗透和分化。澳大利亚情报机构更是将中国列为"极端威胁"。德国、法国、意大利联合起草了一份加强对外资并购审查和控制的法律草案，以遏制中资在欧洲的收购热潮。新一轮的"中国威胁论"已不再鼓吹对积贫积弱的中国进行防范，也不再对中国人口众多而挤占资源的顾虑，更多是对中国实力快速上升的恐惧。

对此，中国明确回应西方国家这种自陷"修昔底德陷阱"的心态，是绝对荒谬的。习近平主席指出："中华民族血液中没有侵略、称霸世界的基因，中国人民不接受'强国必霸'的逻辑。"英国哲学家罗素对中华民族"和"文化高度认可，认为中国人的和平主义根植于深思熟虑的思考。约翰·安东尼·卡蒂也曾对中国传统文化进行了分析，在他看来，中国传统文化的阴阳哲学蕴含着反对霸权的思想，因为霸权思想是一种不合逻辑、自相矛盾的支配型关系，是一种失调关系。而中华文明作为世界上最古老、最重要的文明之一，时至今日依然深刻地影响着人类历史的发展进程，凸显着人性的光辉。莱沙·哈利勒教授认为，中华文明的影响充分体现在中国现代化道路发展的各个领域，尤其是人道主义和外交关系领域。在他看来，无论是过去还是现在，中国始终坚持多边主义，主张国际关系民主化，坚决反对霸权主义和强权政治，并呼吁任何形式的科技霸权和"限制""脱钩"，反对以"国家安全"为由采取歧视性、排斥性政策。南开大学副教授罗科·拉科尔特也表示："无论西方如何渲染'中国威胁'，中国始终向世界展示维护和平、坚持开放、协调发展、共享繁荣的一贯立场。"不仅如此，中国一直以来都以全面的眼光看待和平。中国外交中的和平不仅意味着没有暴力，还有在公平与正义的基础上促进人类全面发展的持久和平。

习近平主席在德国科尔伯基金会的演讲中一再强调，殖民主义、霸权主义的老路走不通，中国将坚定不移走和平发展道路。虽然在经济实力上中国有能力展开军备竞赛，甚至也有能力走老牌资本主义国家的旧路，但中国在历史上是帝国主义侵略的受害者，对此深恶痛绝，在军事领域中，我们一直奉行防御性的国防政策，不占他国一寸土地。

对于那些蓄意炒作、引发社会舆论的西方人或国家来说，其动机不外乎 3 个层面：一是混淆视听，为掩盖本国发展军事实力，争当霸主野心寻找借口，把经济科技问题政治化、武器化；二是制造紧张局势，泛化国家安全概念，试图利用社会舆论诱导民众将引起亚洲动荡和结构性失衡的成因指向中国；三是激发中美两国矛盾，煽动意识形态对立，促使世界最大的两个经济体"脱钩"，减少相互依存，以阻碍或滞迟中国的进步。尽管这些行径遭到大多数国家和国际社会有识之士的谴责与反对，但个别西方大国仍然执迷不悟、任性妄为，鼓噪"中国威胁论"，削弱国际社会应对共同挑战的努力和成果，用以掩盖国际利益失衡、霸权地位惟日不足的局面。著名德国记者花久志提醒西方舆论：如果我们继续任凭对中国的恐惧增长，有一天我们将会有悖于我们自己的利益，在强大的他者身上看到强大的敌人。

一个和平发展、不断壮大的中国，对于某些霸权国家来说可能意味着挑战，但对于世界而言是福音，而不是威胁。作为塞尔维亚长期关注中国发展的高级官员，奥布拉多维奇对中国式现代化道路有着自己的认识，他认为，"中国在国际社会上提倡合作、对话、和平解决争端，遵守国际法和《联合国宪章》，其做法对世界各国，以及全球安全都有好处"。同时，对"一带一路"倡议给予高度肯定，并为之树立榜样。美国伊利诺伊理工学院经济学教授哈伊里·图尔克对此也深表钦佩，并在采访中表示："共建'一带一路'的倡议由中国提出，这是历史上首次有大国高度致力于帮助欠发达国家追求现代化，体现中国乐于同发展中国家分享现代化成果的态度和担当。"

的确，持续的改革开放，使中国在吸引国际投资和技术创新方面在发展中国家中拥有绝对优势。中国通过开发全球市场，实现了经济的快速增长。而中国经济增长带来的利益不是单方面的，许多发展中国家也投身于全球化的浪潮中，在世界经济扩张的新时期，只有共同的活跃才能将世界向更高的文明推进。正如习近平主席所强调的："中国对外开放，不是要一家唱独角戏，而是要欢迎各方共同参与；不是要谋求势力范围，而是要支持各国共同发展；不是要营造自己的后花园，而是要建设各国共享的百花园。"

三、对中国式现代化能否创造文明新形态的分析

文明是一个国家进步的精神标识和思想基础。历史和实践证明，建设中国特色社会主义道路不仅是中国人民的正确选择，而且是中国走向现代文明的唯一途径，是一条有别于西方传统现代化的新现代化之路，是人类文明的新轨迹。虽然不少西方学者、政要、媒体仍旧高估"西式化"的世界意义，但在金融危机爆发以后，国际社会对人类文明的认识开始转变，越来越多的国内外学者注意到中国式现代化道路的潜在价值，并一度承认中国式现代化向世界发展作出了重要贡献。曾鼓吹"历史终结论"的美国学者福山，在一次演讲采访时，也修正了自己的观点："客观事实证明西方自由民主可能

并非历史进化的终点，随着中国的崛起，所谓'历史终结论'有待进一步推敲和完善，人类思想宝库需要为中国留有一席之地。"英国学者马丁·雅克评价说，中国为世界提供了一种"新的可能，这是摒弃丛林法则、不搞强权独霸、超越零和博弈，开辟一条合作共赢、共建共享的文明发展新道路"。

每一种文明有每一种文明的优势，每一种制度有每一种制度的长处。中国特色社会主义现代化的成功开拓，昭示着以马克思主义为底色、以中国共产党强大治理能力为最本质特征和最大优势的中国式现代化，在劳动生产率的速度、人民物质文化生活改善的幅度、共同富裕的进度、核心价值观的高度、民族凝聚力的强度、集中力量办大事的力度等方面，显示出巨大优势。也充分展示了社会主义的强大活力，开辟了世界社会主义发展的前进方向。泰国正大管理学院副院长洪风曾表示：首先，作为拥有 5000 多年历史的文明古国，中国在文化和思想上具备足够的深度与广度，能够兼容并蓄，避开西方国家走过的弯路；其次，中国特色的政治理念是中国经济腾飞的制度保障和指路明灯。

中国具备极强的国家动员力与社会凝聚力，集中力量办大事是中国现代化进程的显著特点，得以在不同的发展时期准确把握并顺利解决该阶段内的主要矛盾。中国现代化突飞猛进的发展，不仅彰显出社会主义现代化的强大生机，而且让人们逐渐看到世界社会主义现代化视野振兴的璀璨曙光，还为社会主义优于资本主义提供了有力证明。现代世界史教授乔·科尔顿和劳埃德·克莱默感慨：中国为 20 世纪最后几十年以来的世界树立了世界大发展和现代化的光辉典范。知名中国问题专家埃万德罗·卡瓦略认为，中国式现代化是一个不断发展的过程，它借鉴了苏联社会主义的元素，也融入了西方资本主义的积极元素，并且越来越多地在制度、实践和思想中呈现中国文化的特征。他特别指出："中国能够制定并执行长期发展计划，这一点是西方国家难以做到的。"德国智库席勒研究所创始人兼主席黑尔佳·策普 - 拉鲁什明确表示，中国是目前世界上唯一对未来有着清晰和激动人心愿景的国家，这一愿景是到中华人民共和国成立 100 年之际，建成社会主义现代化强国。

中国式现代化成功的实践历程与历史启示，在坚持马克思主义文化观的基础上，植根于中华优秀传统文化，吸收借鉴人类优秀文化遗产，为推动世界和平发展和人类的文明进步，提出了"以文明交流互鉴"为核心的新文明观。不但开拓了符合社会客观发展规律，引领人类文明进步的新方向，同时破除了"西方中心主义"的神话，超越西方现代化视域与话语体系建构。既传承 5000 多年中华文明文化底蕴，也顺应"和平与共赢"的时代趋势，勠力构建人类命运共同体，提供现代化中国特色社会主义发展经验，实施"一带一路"建设体系，保障各方关系全面发展，开辟人类文明新路径，积极引导全球治理体系朝更加公正合理的方向前行，对世界现代化发展有着重大意义，也受到国际社会的普遍认可和欢迎。卡瓦略举例从处理贸易全球化问题来看，西方企图通过道路全球化来推行其世界观，无视世界各国人民在价值观、习惯等方面的差异，这样的做法是重复此前的殖民思维，以牺牲其他国家利益作为代价。

中国奉行求同存异的理念，这在中国领导人提出的构建人类命运共同体倡议中有很好的体现。卡拉伊在采访中表示："中国让全球治理机构了解到'人类命运共同体'等新理念，同时重新定义了经济全球化等现有概念。中国的成就不应被简单地看作对某种现代化目的论的偏离或例外。"西班牙加利西亚国际关系研究院创始人胡里奥·里奥斯给予了评价："中国现代化进程取得成功，不仅对国家稳定发展意义重大，更是为全人类注入正能量。"尽管中国的文明与中国现代化发展道路不可能复制，但全世界人民都将从中获得很大的启发与鼓舞。

四、对中国式现代化新道路进一步完善的建议

当今中国式现代化发展正处于百年未有之大变局的时代新变局时期，时代之变和世纪疫情相互叠加，使中国在现代化发展历程上，机遇与挑战并存。以美国为首的发达国家，凭借信息科技的领先，仍然在向发展中国家进行意识形态渗透，力图通过捍卫传统全球治理体系来维护其国际社会的霸权地位和绝对优势。聚焦中国式现代化新道路的热点议题，扎实推进中国式现代化道路针对性建议的提出和落实，是目前全球社会对中国式现代化建设的关切所在。

（一）维护世界秩序，稳固国际关系

当前国际局势动荡不安，世界秩序正面临重大转型，中国式现代化显著影响遍布全球，人们得益于中国式现代化带来繁荣的同时，对其带来的风险和挑战也倍感忧患。面对中国快速提升的现代化强

国实力，常规军事力量不断增强，中美经济实力不断接近，美国开始加紧对中国的战略遏制，挤压中国的战略空间，制造贸易摩擦，大肆建立"天军"，增建"网军"，开发低当量核武器系统，推出新的大规模"造舰"计划，在军事现代化建设上大动干戈，制造社会恐慌。印度及其他与中国相邻的国家，开始担心中国的军事力量终将会建立起区域经济和战略霸权，或加强与美国战略互动，以牵制中国；或对中国近而不亲，心存畏惧，中国周边环境呈现新的势态。近年来，尽管中国与周边国家的外交关系有所改善，"朝核""南海"等热点问题有所降温，但美国亚太政策的不确定性、中美关系的不确定性，都将导致中国周边环境改善的进度存在不确定性的风险。

中国式现代化不是闭门造车，更需要的是与世界各国和平、发展、合作和共赢。党的十九大报告指出，办好中国的事情就是要统筹好"国内建设"和"对外关系"两个大局。当前，中国已步入世界现代化建设队伍，世界现代化也已前所未有地走进中国。中国和世界关系的联动和发展，已成为中国全面建成社会主义现代化强国的中心环节。法国学者魏柳南指出："中国的外交政策以及对双边或多边关系的构想仍受阻于狭义的对经济方面之外的因素考虑不足。"中国与周边关系的改善还存在脆弱性的一面，安全领域的外交机制还比较单一。

世界正处于新的动荡与变革时期，时代新变与疫情重创交织，世界各国携手紧密，西方零和博弈、冷战思维和强国必霸等传统思维越来越跟不上时代步伐。为此，我们要充分利用好国外对中国成就的肯定，及中国式现代化发展的优势，认识和把握世界局势，妥善处理矛盾争端，加强与多国交流频率，增进他国信任，维系好邻国外交关系。蒂莫西·道尔教授表示："现代化是一个全面的变革过程，是一场由传统社会向现代化社会过渡的动态发展过程，只要把握现代化发展规律，实施协调有序的现代化战略，妥善处理社会各种紧张关系，协调好利益关系，确定好现代化发展方向，中国提出的到 2035 年基本实现社会主义现代化远景目标就一定会实现。"白俄罗斯前副总理阿纳托利·托济克对于中国未来现代化发展也寄予厚望，他表示："中国也许是世界上唯一一个执政党非常具体认真地规划未来 30 年国家和社会发展的大国。与此同时，中国不断增长的经济潜力为世界提供了重大机遇，所以，中国应该而且能够在塑造新的世界秩序中发挥主导作用。"

（二）抓住时代机遇，构建中国式现代化的话语体系

随着中国式现代化日新月异，国际社会掀起的中国式现代化研究的热潮，在广度和深度上都得到前所未有的拓展。由于现代化肇始于西方资本主义国家，即使西方现代化道路发展近年来步履维艰，但西方社会在现代化理论话语和实践探索仍旧屹立在前，为此大部分国外学者和媒体依然沿用西方现代化的话语视角评价中国式现代化，别有用心地套用西方国家历史发展逻辑歪曲、抹黑中国，运用"西方普世价值"绑架中国的"共同价值"，蓄意制造"历史虚无主义陷阱"、西方"民主陷阱"等话语陷阱，进而展开对中国式现代化价值观和意识形态的争夺。

由于东西方文明的冲突，一些国外学者甚至否认中国式现代化

的存在，或是对中国式现代化认知的过度解读和质疑。然而，如今关于国际问题的话语权仍被西方媒体所把控，中国学者和媒体的发挥空间受限，发声力度还远远不足，"西强我弱"的舆论格局还没有被完全打破，"有理说不出，说了传不开"的局面尚未得到扭转。在海外，主要研究中国问题的海外期刊媒体中，清晰阐述中国式现代化发展现状、特征及趋势的文章屈指可数，能准确解读中国式现代化意图与想法的更是寥寥无几，国际上了解中国现代化发展的渴望无法满足和正确引导。相比过去，改变他人的偏见不能只靠批驳和辩解，中国学者要挣脱西方话语体系的枷锁，而中国式现代化的政治理念和文化制度作为主推力，早已超越了西方唯资本、唯阶级、唯意识形态的制度，并形成了广泛实践价值。中国应积极、正面应对西方话语的挑战，构建全面、透彻、强势的话语体系，发挥话语阐释的主导作用，确立鲜明价值立场与价值原则的中国特色社会主义实践性现代化，传播主体性地位和话语意识的中国式现代化理论，遵循世界认同和文明互鉴的价值向度，阐扬中国精神、展现中国风貌。

数字时代新兴媒体的迅猛发展，为推进国际传播能力建设提供了新的平台和渠道。中国要充分认识和把握新时代战略机遇，运用好数字媒介"弯道超车"，在工业 4.0 的现代化发展进程中，抢占话语主动权，提升国家软实力，主宰舆论风向标，让中国式现代化占领世界现代化发展模式的重要地位。波多·洪姆巴赫教授曾提出："世界可持续发展需要良好的沟通机制，只有全世界开诚布公地互动，开展平等对话，才能真正解决问题。"

（三）加强政府统筹，利用好"并联式"现代化发展的"双刃剑"

回顾现代化的历史进程，独立自主的中国式现代化压缩时间跨度，用几十年的时间追赶西方现代化进程，并完成了发达国家200多年走过的工业化历程，创造了举世瞩目的发展奇迹。中国独特的现代化发展方式利用后发效应实现了弯道超车，让中国人民走上现代化生活的快车道，信息化带来的科技革命，为高效实现产业升级，提升工业化、城镇化和农业化跨越式发展带来机遇。然而，独特发展道路带来发展红利的同时，负面清单和代价也随之接踵而至。

由于整体时间的缩紧，现代化发展必经的过程和任务节点都被急剧压缩，不同发展阶段的不同发展任务不得不进行并联执行或叠加积累。为此，中国式现代化的"并联式"发展，既存在高度压缩发展时间，加速推进全面现代化进程实现的后发优势，也造成现代化矛盾冲突叠加、发展任务累积的社会风险和代价。享廷顿在研究发展中国家现代化进程中提出著名论断："现代性产生稳定性，而现代化却产生不稳定性。"而中国作为世界最大的发展中国家，其农业现代化、工业化、城镇化和信息化并举的现代化建设所面临的不协调、不稳定的社会风险在其规模和复杂性上世所罕见。正如党的十九大报告指出：目前，中国发展不平衡不充分的一些突出问题尚未解决，发展质量和效益还不高，创新能力不够强，城乡区域发展和收入分配差距依然较大，意识形态领域斗争依然复杂，人口老龄化越发显现，生态环境保护任重道远。

为此，不少国外学者也纷纷提出相应对策。美国威拉姆特大学经济学系教授梁燕建议，"中国现代化研究未来应更加关注政府的功能和作用。例如，加强基础建设投资，保证收入平衡等"。首尔大学政治外交学部教授李贞澈在接受采访时充分肯定中国在现代化过程中采取的政府主导的经济增长模式，也赞赏政府在其中采取的积极态度是经济增长的重要动力，但政府如何应对现代化进程中规模逐渐扩大的超大企业的作用和影响，在改革过程中产生的地区发展不平衡及收入差距等问题，仍然需要中国政府加以重视和努力。所以，在这个重要战略机遇节点上，一方面，政府要积极发挥主导作用，把握不同现代化不同阶段的中心任务，统筹协调好各阶段任务的解决秩序，避免矛盾衍生、变异、激化；另一方面，要加强顶层设计、科学研判和分类处理，防止不同阶段的问题及风险叠加导致连锁反应和蝴蝶效应，阻断矛盾的关联性、扩散性，减少局部的社会动荡。

大时代需要大格局，大格局呼唤大智慧。中国式现代化以人民主体、改革创新和党的领导为核心，通过互利共赢、以和为贵的理念，实现现代化进程的跨越式发展，既超越了内嵌于资本主义世界的"西方中心"的思维定式、"历史终结"的幻觉演绎、"资本逻辑"的价值扭曲、"零和博弈"的冷战思维和"文明冲突"的文化误区，也证明了"强国必霸"并非铁律，"丛林法则"并非金规，"修昔底德陷阱"完全可以避免。否定了通往现代化道路仅此"华山一路"，只有在探索符合国情的发展道路上坚定信念、砥砺前行，才能创造一条既发展自身，又创造世界的现代化之路。

中国式现代化不仅改写了现代化的世界版图，重构了现代化的理论内涵，拓宽了现代化道路发展途径，创新了现代化范式，深刻影响了世界现代化进程，而且为发展中国家和民族提供了全新选择，展现了人类文明探索前行的发展轨迹和光明前景，具有永恒绝对的世界意义。新征程上，我们要清醒地看到"两个大局"的交织，立足国情世情，顺势而为，凝练应对"中国问题"的"中国逻辑"，发挥中国特色的国家治理范式优势，统筹规划战略布局和顶层设计，维护国际秩序，平衡国际关系，把握世界现代化发展势态，全面构建中国式现代化体系，营造全球普惠、共赢的发展格局，利用好信息化、数字化技术发展的时代红利，勠力全面建成社会主义现代化强国。

（《未来与发展》2023 年第 5 期）